相撲のひみつ

新田一郎 著／曽根 愛 イラスト

朝日出版社

はじめに

相撲は好きですか？

この本を手にした人であれば、多少なりとも相撲に興味をお持ちでしょうし、この問いに「はい」と答える人は少なくないでしょう。では、もう一問。

相撲をとるのは、好きですか？

この問いに「はい」と答える人は多くはないはずです。相撲は好きだけれど、それは「見る」ものであって、自分でとるものではない、と考えている人が多いのですね。いや実際、世間の多くの人々にとっては、わざわざ「考える」までもなくごく当然に、相撲は「見て楽しむもの」なのです。

たしかに、相撲は見るだけでも楽しいものです。迫力《はくりょく》に満ちた取組《とりくみ》そのものを楽しむもよし、土俵《どひょう》を中心とした相撲場《すもうじょう》のしつらえや行司《ぎょうじ》の華《はな》やかな装束《しょうぞく》、土俵入《どひょうい》りや弓取《ゆみと》り式のような儀式に代表される文化的な装飾を楽しむもよし。大相撲《おおずもう》の本場所《ほんばしょ》を訪れれ

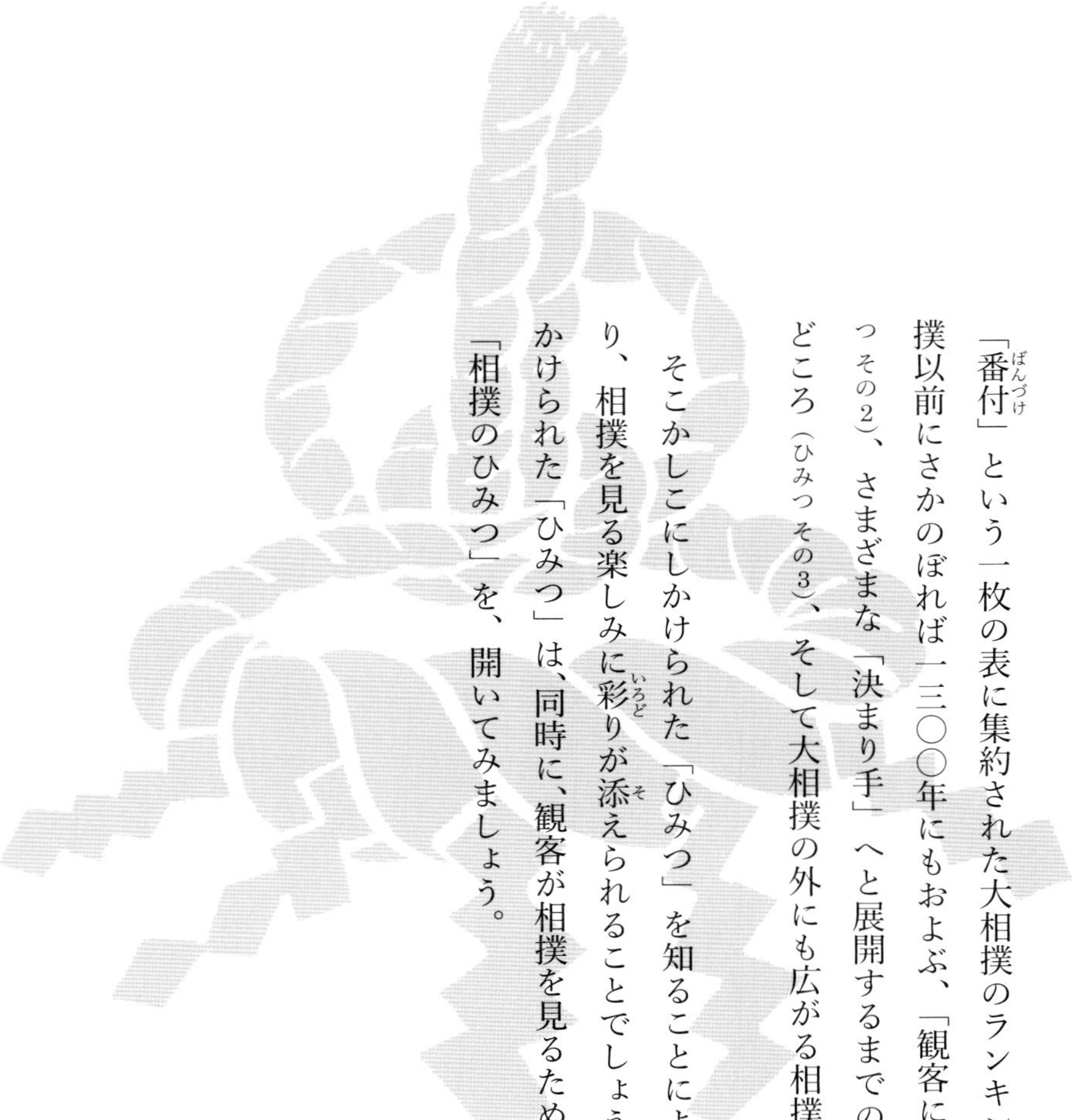

ば、そこには人々の目を楽しませるさまざまなしかけが用意されています。なにしろ大相撲は「観客に見せる」ために長い時間をかけて彫琢《ちょうたく》され高度に完成された技芸《ぎげい》なのであり、古くから人々に親しまれてきた「国技《こくぎ》」なのですから。

実はそこにこそ、大相撲のしくみや歴史をつらぬく「ひみつ」があります。

「番付《ばんづけ》」という一枚の表に集約された大相撲のランキングのしかけ（ひみつ その1）、大相撲以前にさかのぼれば一三〇〇年にもおよぶ、「観客に見せる」ための相撲の歴史（ひみつ その2）、さまざまな「決まり手」へと展開するまでの過程にみる相撲の「わざ」の勘《かん》どころ（ひみつ その3）、そして大相撲の外にも広がる相撲の多様な姿（ひみつ その4）。

そこかしこにしかけられた「ひみつ」を知ることによって、相撲に対する理解が深まり、相撲を見る楽しみに彩《いろど》りが添《そ》えられることでしょう。観客に相撲を見せるためにしかけられた「ひみつ」は、同時に、観客が相撲を見るための「ひみつ」でもあるからです。

「相撲のひみつ」を、開いてみましょう。

目次

ひみつ その3

「わざ」が決まるまでが相撲！

ひみつ その4

相撲じゃない「相撲」がある！

本のはじめとおわりにある白い紙に
力士の手形やサインをもらおう！

ひみつ
その
1

相撲はすべてがランキング！

大相撲《おおずもう》の番付《ばんづけ》は、数多くの力士《りきし》のランキングを見やすく一覧にした、機能的にもデザイン的にもすぐれた図表です。年六回の「本場所《ほんばしょ》」と呼ばれる公式戦ごとに、前の本場所の地位と成績を基《もとい》とした最新のランキングが発表されます。

「相撲文字《すもうもじ》」と呼ばれる独特の書体で書かれた番付には、地位の順に力士の出身地・名前（シコ名《な》）が記《しる》され、上位は大きく肉太の字、下位にゆくにしたがって細く小さく、最下段ともなると狭いスペースに虫眼鏡《むしめがね》が必要なほどの細い字で詰め込まれ、見るだけで地位の差がすぐわかるようになっています。

大相撲が庶民の娯楽《ごらく》としての地位を確立した江戸時代後期には、この形式が各地の名産、名店、名所などさまざまな分野のランキングに応用されて、「見立《みた》て番付」が流行します。その道のトップを「大関《おおぜき》」、それにつぐものを「関脇《せきわけ》」などと、相撲の番付の地位になぞらえることが、世間通用のわかりやすいモノサシとして用いられたわけです。

現代の番付には、力士以外にも「年寄《としより》」「行司《ぎょうじ》」「呼出《よびだし》」など、大相撲に関わるさまざまな人々の名が、それぞれにランクづけられ、整然と並べられています。一枚の番付には、「相撲のひみつ」がぎっしりと詰まっているのです。

東
西
為御覧

番付と力士・脇役のランク

力士のランクは、西も東と同じ位置にあります。

西　「番付」はもともとは東西の組み合わせを示すものでしたが、現在は東西の別は便宜《べんぎ》的なものになっています。　東

蒙御免《ごめんをこうむる》 ………………… 44

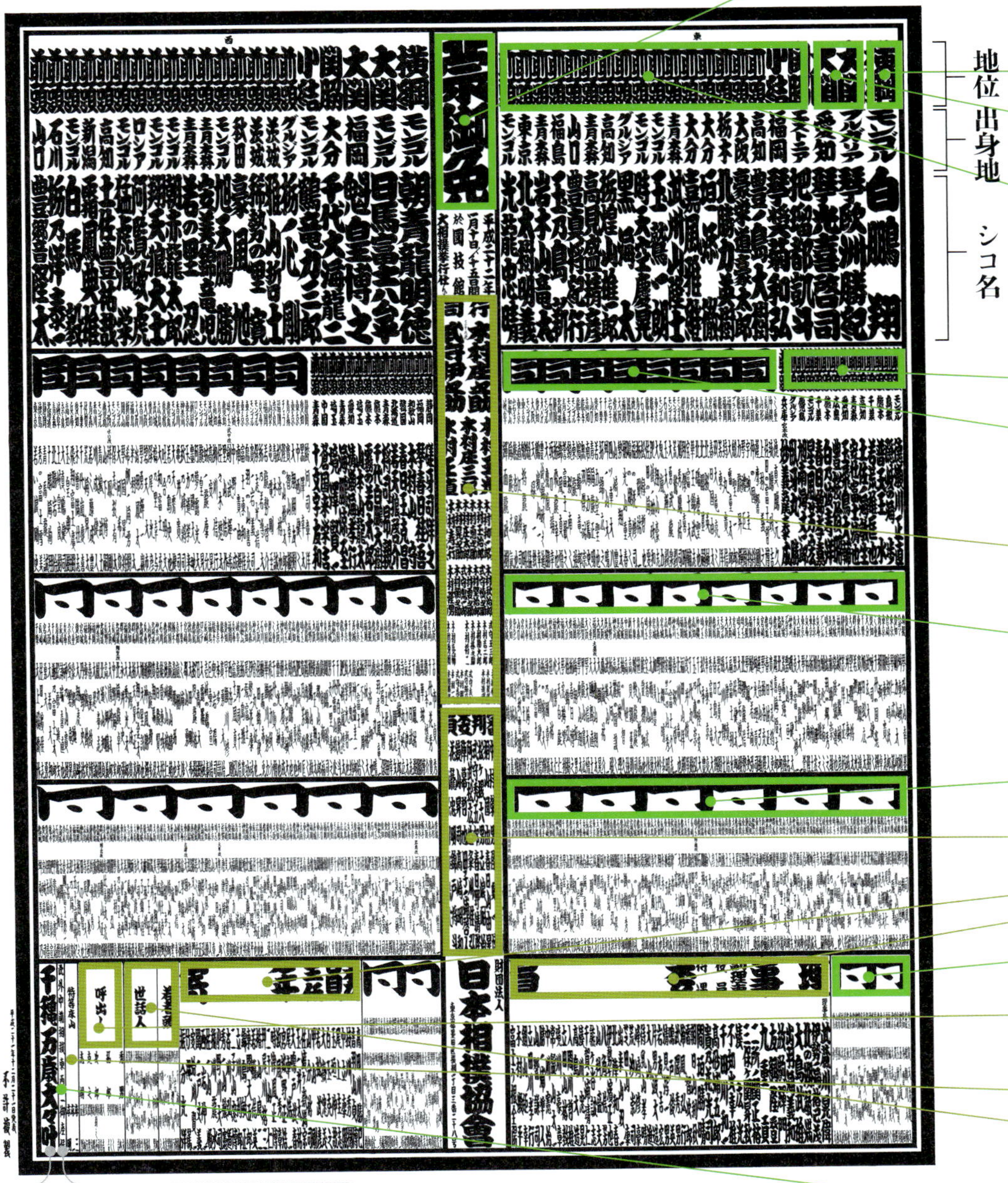

千穐万歳大々叶

「せんしゅうばんざいだいだいかのう」

(「穐」は「秋」の異体字)

大相撲の末永い繁栄を祈り言祝《ことほ》ぐ祝詞《しゅくし》。

此外中前相撲東西ニ御座候

「このほかちゅうまえずもうとうざいにござそうろう」

この番付に記載されている外に前相撲力士などが東西におります、という意味。

ひみつその1

力士のランク

横綱【よこづな】

相撲のチャンピオン

番付《ばんづけ》最上段（11頁）に一番大きな字で名前を書かれているのが、大相撲力士《おおずもうりきし》の最高位「横綱《よこづな》」です。横綱は、たとい負けても地位が下がることはありません。横綱である以上は強くて当然、ということになっているので、勝てなくなったら引退するしかない、厳しい地位です。

しかも、ただ強いだけでなく、大相撲の世界を代表する「品格《ひんかく》」を備えていなければなりません。よろずにつけ「大相撲らしさ」を象徴していることが期待されるのです。

横綱の最大の見せ場が、観客への顔見せのため、本場所《ほんばしょ》や地方巡業《じゅんぎょう》で毎日の取組《とりくみ》前に太刀持《たちも》ち・露払《つゆはら》いを従えて行なう横綱土俵入《どひょうい》りです。

もともとは、土俵中央で手を打ちシコを踏《ふ》むという簡単なものでしたが、やがて見せ場をつくるために工夫を凝《こ》らし、シコを踏んで腰を落としたところから腕を伸ばしてじりじりと身体を持ち上げる所作《しょさ》が加えられるようになりました。この所作を「せり上がり」といいます。

今では、その際の手の広げ方によって、「雲龍《うんりゅう》型《がた》」「不知火型《しらぬいがた》」という二種の型に分けられ、「伸ばした手は攻《せ》めの型、曲げた手は守りの型」というもっともらしい説明がされています。

二十世紀以降の百年あまりの間に五十二人の横綱が誕生しています。およそ二年に一人くらいのペースになります。全力士が憧《あこが》れ目ざす地位ですが、力士を志《こころざ》して入門した若者のうち、ここまで到達するのはおよそ二百人に一人という狭き門です。頂点を目ざす力士たちの長く険《けわ》しい道のりを、はじめからたどってみることにしましょう。

雲龍型土俵入り

「せり上がり」のときに、
右手を伸ばす。
過去多くの横綱に用いられた、
いわば「正統派」の型。

太刀持ち

貴人の出行《しゅっこう》の際、
太刀《たち》を持って付き従う。

露払い

貴人の出行の先導役。

不知火型土俵入り

「せり上がり」のときに、両手を伸ばす。
雲龍型にくらべると少数派。
現役の白鵬《はくほう》はこの型。

ひみつその1

横綱の誕生

「横綱《よこづな》」というすぐれたしかけが考え出されたのは十八世紀末（江戸時代中ごろ）のことです。当時、化粧《けしょう》マワシの上に飾《かざ》りとして巻くことが流行していた、黒白縒《よ》り合わせた綱《つな》がもとになったと考えられます。

神社などにある注連縄《しめなわ》を模《も》して、黒白でなく純白の綱に紙垂《しで》を下げ、これをまとった力士《りきし》が一人で土俵《どひょう》入りを行なう。これを谷風《たにかぜ》と小野川《おのがわ》という当時人気の二力士に免許することによって、大《おお》相撲《ずもう》に神々《こうごう》しい装《よそお》いを凝《こ》らそうとしたのです。これが評判を呼んで観客も増え、折《おり》よく開催された徳《とく》川将軍《がわしょうぐん》の相撲観覧のためにも恰好《かっこう》の演出となりました。

横綱を発明したのは、吉田追風《よしだおいかぜ》（十九世）という、行司《ぎょうじ》の家元《いえもと》を称《しょう》する人物でしたが、相撲の家元としての地位を固めるための、一回限りの特別企画のつもりだったらしく、その後は免許を出していません。しかし跡《あと》を継《つ》いだ息子の二十世追風が復活させ、その後はこの吉田家が横綱の免許を与えるならいとなります。以降、人気力士に免許された横綱土俵入りは、大相撲に欠かせない演出として定着したのです。

はじめのうちは、横綱土俵入りを免許された力士でも、番付《ばんづけ》上の地位は「大《おお》関《ぜき》」でした。ときに「横綱《よこづな》土俵《どひょう》入仕候《いりつかまつりそうろう》」などと注釈《ちゅうしゃく》のようなかたちで書かれることはありましたが、「横綱」という地位があったわけではないのです。

しかし次第《しだい》に「単なる大関より格上」と考えられるようになったようで、明治《めいじ》中ごろには地位欄に「大関」に替えて「横綱」の文字が載るようになります。やがて「横綱」は大関より上の番付上の地位として正式に規定され、さらには吉田家の手を離れて相撲協会《すもうきょうかい》独自に決定されることになります。

ひみつその1

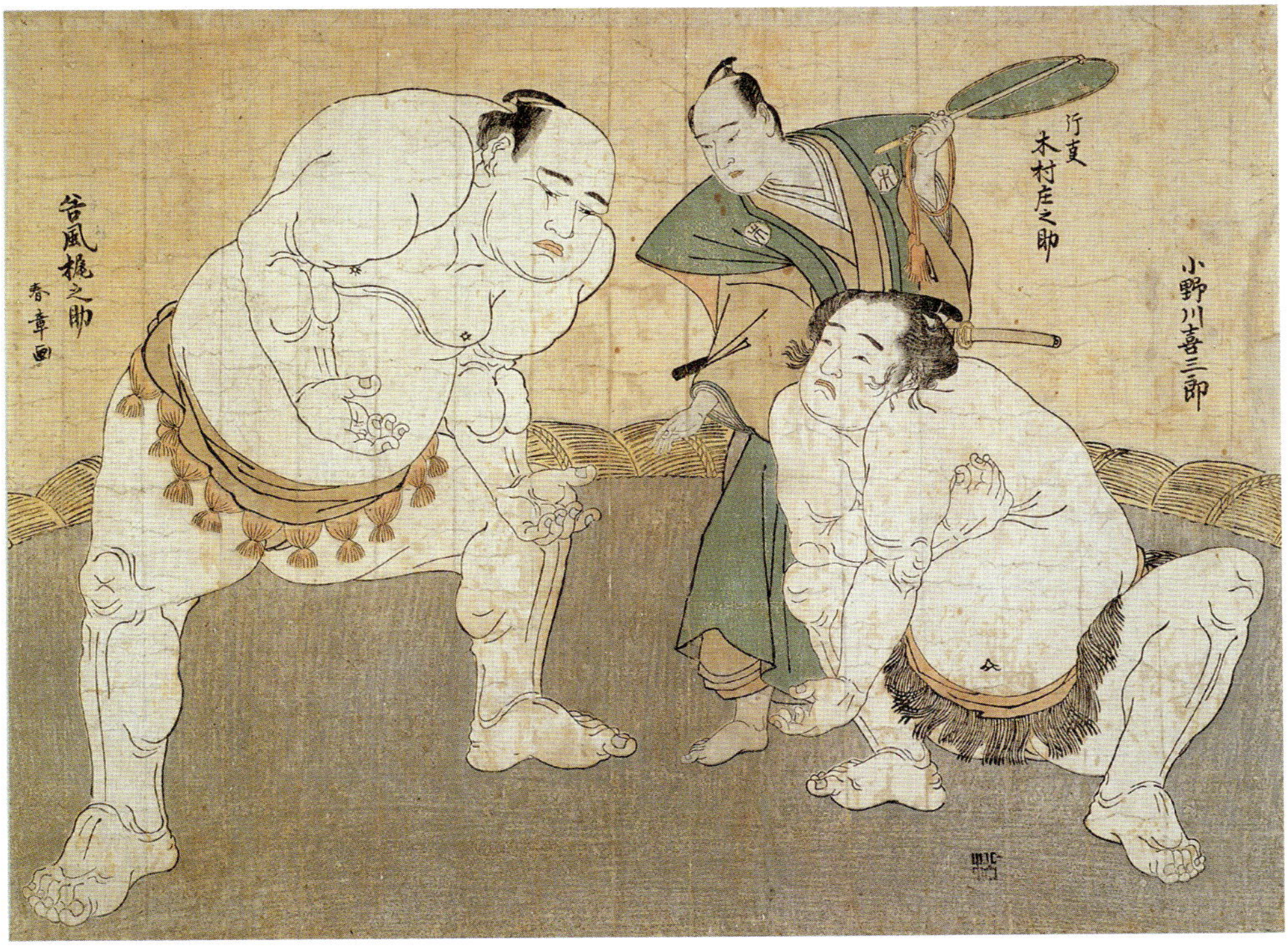

谷風と小野川

江戸時代の横綱、巨体怪力の谷風梶之助《かじのすけ》［左］と軽量技能派の小野川喜三郎《きさぶろう》［右］。ライバル同士の対戦は江戸大相撲の黄金時代を支えた。勝川春章《かつかわしゅんしょう》・画。

前相撲

【まえずもう】

ひみつその1

力士のみならい

大相撲《おおずもう》の力士《りきし》になるためには、まずはいずれかの相撲部屋《すもうべや》に弟子《でし》入りし、年六回の本場所《ほんばしょ》ごとに行なわれる新弟子検査《しんでしけんさ》に合格しなければなりません。通常は体格検査と健康診断にパスすれば合格ですが、最近は、体格が基準に満たなくとも、運動能力にすぐれていれば合格させるようになっています（実はさらにもう一つの道がありますが、その話はもう少し後で）。

合格すればさっそく初土俵《はつどひょう》を踏《ふ》み、「前相撲《まえずもう》」に参加します。まだ番付《ばんづけ》に名前は載っていません。本場所毎日の取組《とりくみ》前に行なわれる「前相撲」は、番付に載るための予選のような位置づけですが、最近では、前相撲をとりさえすればほぼまちがいなく「出世《しゅっせ》」といって土俵上でお披露目《ひろめ》をうけ、次場所は番付最下段の「序《じょ》ノ口《くち》」にシコ名《な》が載ります。こうして、まだマゲも結《ゆ》えない「力士養成員」として、一人前の力士になるための修業が始まるのです。

前相撲からスタートする「力士養成員」たちは、中学校を卒《お》えたばかり、相撲経験のないまっさらの新人も多いのですが、最近は高校・大学などの相撲部出身者、また外国出身でもアマチュア相撲の経験者もいたりします。

経歴も実力もさまざまな彼らは、そろって相撲教習所《きょうしゅうじょ》に入り、相撲の基本動作のほかに、相撲史や詩吟《しぎん》・習字、運動生理学などの学科を、半年間にわたり学ぶことになります。「力士になる」ための修業は、実技だけではないのです。

新弟子検査

義務教育を終えた 23 歳未満の
健康な男子で、身長 173 センチ、
体重 75 キロ以上が原則的な入門基準。

相撲教習所

東京・両国《りょうごく》の国技館《こくぎかん》内にある
教室で学ぶ。

出世披露

次場所の番付に載ることが決まると、
先輩の化粧《けしょう》マワシで装い、
本場所の途中にお披露目《ひろめ》をする。

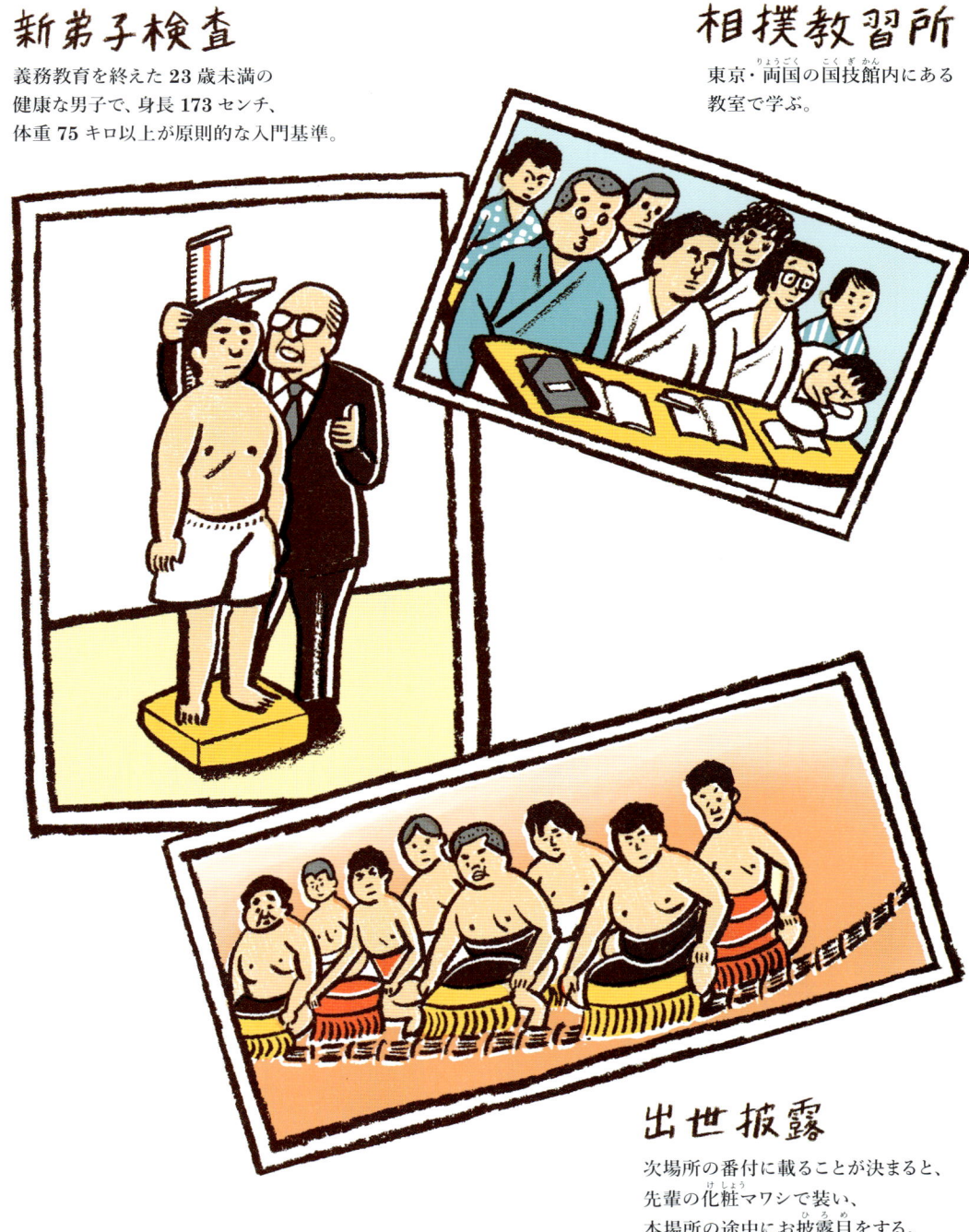

ひみつその1

力士のランク

序ノ口・序二段・三段目【じょのくち じょにだん さんだんめ】

出世の坂をかけあがる

「出世《しゅっせ》」の翌場所、「序ノ口《じょのくち》」にシコ名《な》が載ります。番付《ばんづけ》の出発点（11頁）、文字通りの「まだまだ序ノ口」（この慣用句《かんようく》はここからきています）ですが、大相撲《おおずもう》世界への仲間入りです。この時点ですでに立派なシコ名をつける場合もありますが、本名そのままで土俵《どひょう》に上がることも珍しくありません。

番付上、出身地の上に記《しる》されている「同」の字は、ずっと上のほうでは一人ひとりきちんと書かれている「前頭《まえがしら》」に同じという意味で、最上位の横綱《よこづな》およびそれにつぐ大関《おおぜき》・関脇《せきわけ》・小結《こむすび》という特別な呼称《こしょう》を与えられた「役力士《やくりきし》」を除《のぞ》けば、序ノ口以上みな「前頭」（「前相撲《まえずもう》の頭《かしら》」という意味だとされています）なのです。

「力士養成員」たちは原則として一場所十五日間のうちに七番の相撲をとります。序ノ口でちょっと勝てば一段上のランク「序二段《じょにだん》」に上がりますが、ここから勾配《こうばい》がきつくなります。「三段目《さんだんめ》」に上がるには、東西あわせて二百人を超える力士がひしめく序二段を勝ち抜かねばなりません。一年、二年と経《た》つうちに、早くも脱落者も出てきます。ここをすんなり通過できるかどうかで、だんだん道が分岐《ぶんき》してゆきます。

三段目はその名のとおり番付の「三段目」、ここまで上がると雪駄《せった》を履《は》くことが許されます。髪も伸びてマゲを結《ゆ》うことができるようになれば、見た目もいかにも「お相撲さん」らしく、稽古《けいこ》を積むごとに体軀《たいく》も次第《しだい》に充実してきます。三段目は実力的には学生相撲の上位クラス。「付《つ》け人《びと》」として親方《おやかた》や上位力士の身の回りの世話を焼きながらの大部屋生活、まだまだ修業が続きます。

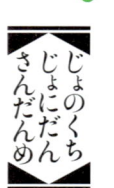

上が幕下の「同」の字。
下が三段目の「同」の字。

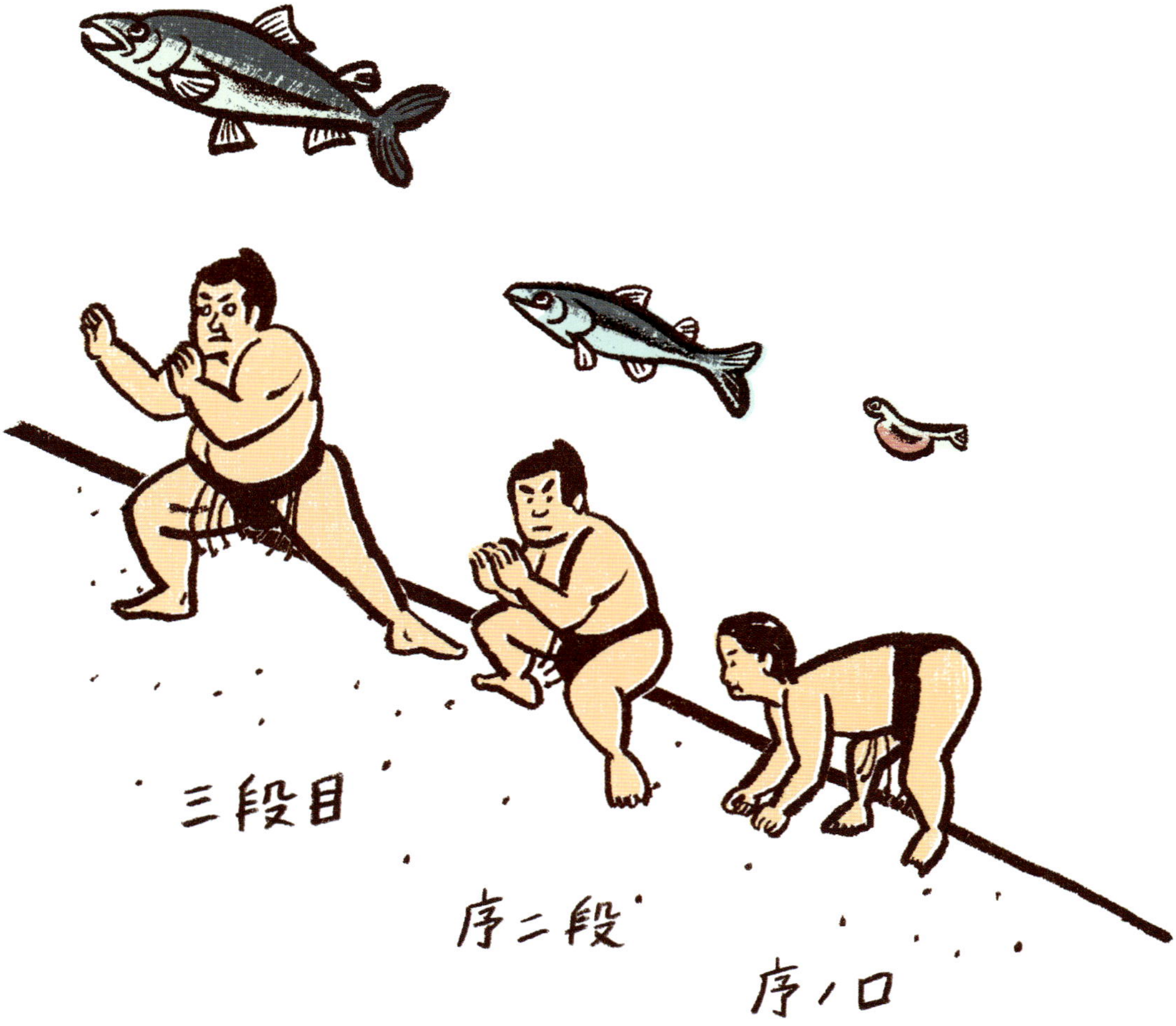

力士のランク

幕下【まくした】

ひみつその1

関取への厚い壁

番付《ばんづけ》の上から二段目は二つの部分に分かれています（11頁）。左よりの細字の部分が「幕下《まくした》」、ここまでくれば「関取《せきとり》」と呼ばれる「十両《じゅうりょう》」の地位までもう少しです。

幕下ともなれば、弟弟子《おとうとでし》たちの稽古《けいこ》指導や生活監督など、兄《あに》弟子《でし》としての役割を務めることが多くなります。博多帯《はかたおび》と、冬にはコート着用が認められるなど、待《たい》遇《ぐう》も少しよくなります。部屋によっては、幕下に上がるとチャンコ番（食事当番）などの雑用から少し解放されることもあるようです。

しかし、上を目ざす若者たちに、ベテランたちが立ちふさがり、壁はだんだん厚くなります。学生横綱やアマチュア横綱などの実績があると、前相撲《まえずもう》から三段目《さんだんめ》までをとばして、いきなり幕下の十枚《じゅうまい》目《め》（幕下の東西それぞれ上から十番目）または十五枚目格からスタートする特権を与えられますが、そうしたエリートたちでも、この壁を突破することは簡単ではありません。

マワシの話

相撲の特徴的なユニフォームであるマワシが、今のようなかたちになったのは、江戸時代後期のことです。古くは「犢鼻褌《とうさぎ》」という「フンドシ」を用いていましたが、大《おお》相撲興行《ずもうこうぎょう》が定着するにつれて、観客にアピールするために、マワシの先端を前に垂《た》らした前垂《まえだ》れの部分にいろいろと装飾を施《ほどこ》すようになりました。やがて土俵入《どひょうい》りで「見せる」ためには専用の化粧《けしょう》マワシが用いられるようになり、取組《とりくみ》に用いるマワシとは分離されます。

化粧マワシは前垂れが足首まで伸び、刺繍《ししゅう》や宝石、ときには電飾などでいよいよ華麗《かれい》に彩《いろど》られ、一方の取組用のマワシは実用性を重んじてシンプルなものになりまし

⑥稽古マワシ（幕下以下）

た。現在、大相撲の取組の際、マワシの前面につけている「サガリ」は前垂れの名残《なごり》です。取組中、指に絡《から》まると危険なため、マワシ本体から切り離して取れるようになっています。

今では、十両《じゅうりょう》以上の「関取《せきとり》」は稽古《けいこ》用の木綿《もめん》の白マワシと本場《ほんば》所《しょ》用の絹布《けんぷ》のマワシ（「締《し》め込《こ》み」ともいいます。色は「黒または紺《こん》系統」を原則としますが、実際には単色であれば許されています）とを使い分け、幕下以下の力士《りきし》は黒の木綿のマワシを稽古と本場所双方に使っています。

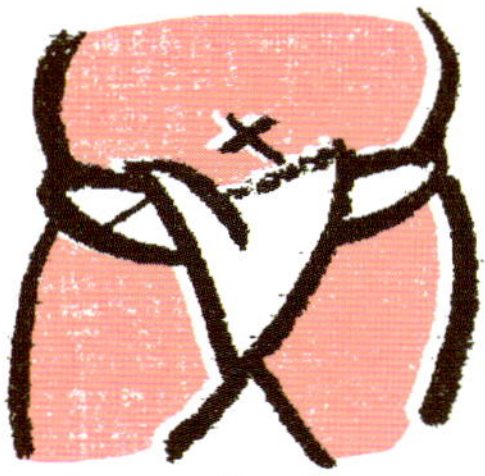

❶ 犢鼻褌《とうさぎ》

シンプルな「フンドシ」。
素材は麻布《あさぬの》。

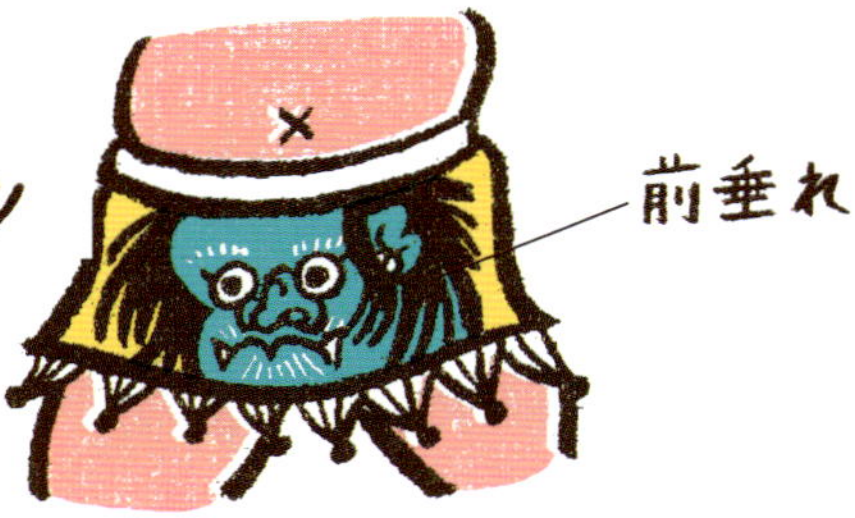

❷ 大相撲初期のマワシ

前垂れに装飾が施される。
江戸時代中ごろ。

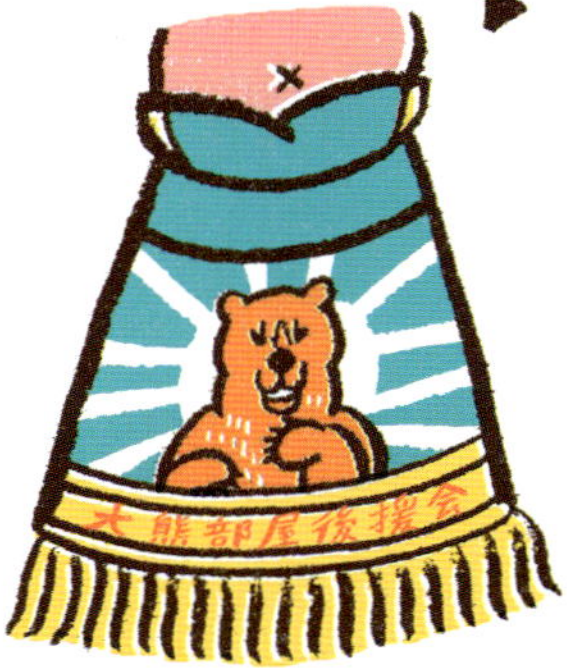

❸ 化粧マワシ

前垂れの装飾部分が進化し、
取りマワシと区別されるようになる。

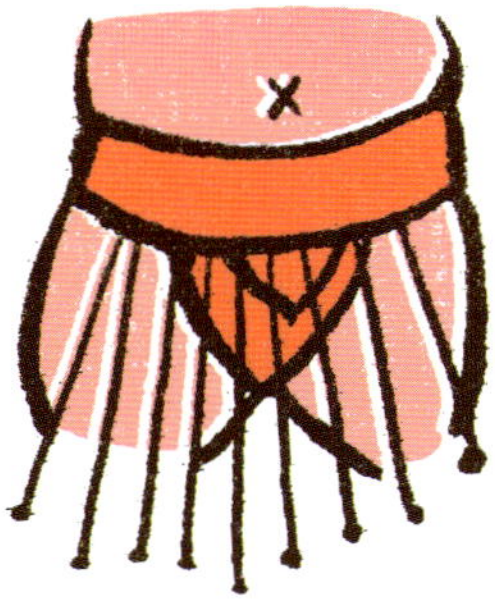

❹ 取りマワシ（関取）

素材は主として絹布《けんぷ》。
相撲を取りやすいよう、
前垂れ部分は分離して「サガリ」に。

❺ 稽古マワシ（関取）

素材は木綿。
基本的には洗わず、干して使う。

番付の変遷

番付《ばんづけ》らしいものが記録にあらわれるのは、今から三百年ほど前のことです。それ以前にも「大関《おおぜき》」「関脇《せきわけ》」などと墨書《ぼくしょ》した板が相撲《すもう》場《じょう》の入り口に掲《かか》げられていた様子が、古絵図などに見えており、出場する力士《りきし》のラインナップを観客に知らせるための看板《かんばん》として始まったものと思われます。今でも、国技館《こくぎかん》などで本場所《ほんばしょ》が行なわれる際には、相撲場の入り口脇《わき》に、板に大書された番付とともに、翌日の取組《とりくみ》が掲げられています。

当初は東西それぞれ一枚ずつ、二枚一組にした横長の番付がつくられていましたが、十八世紀の後半あたり（江戸時代中ごろ）から、江

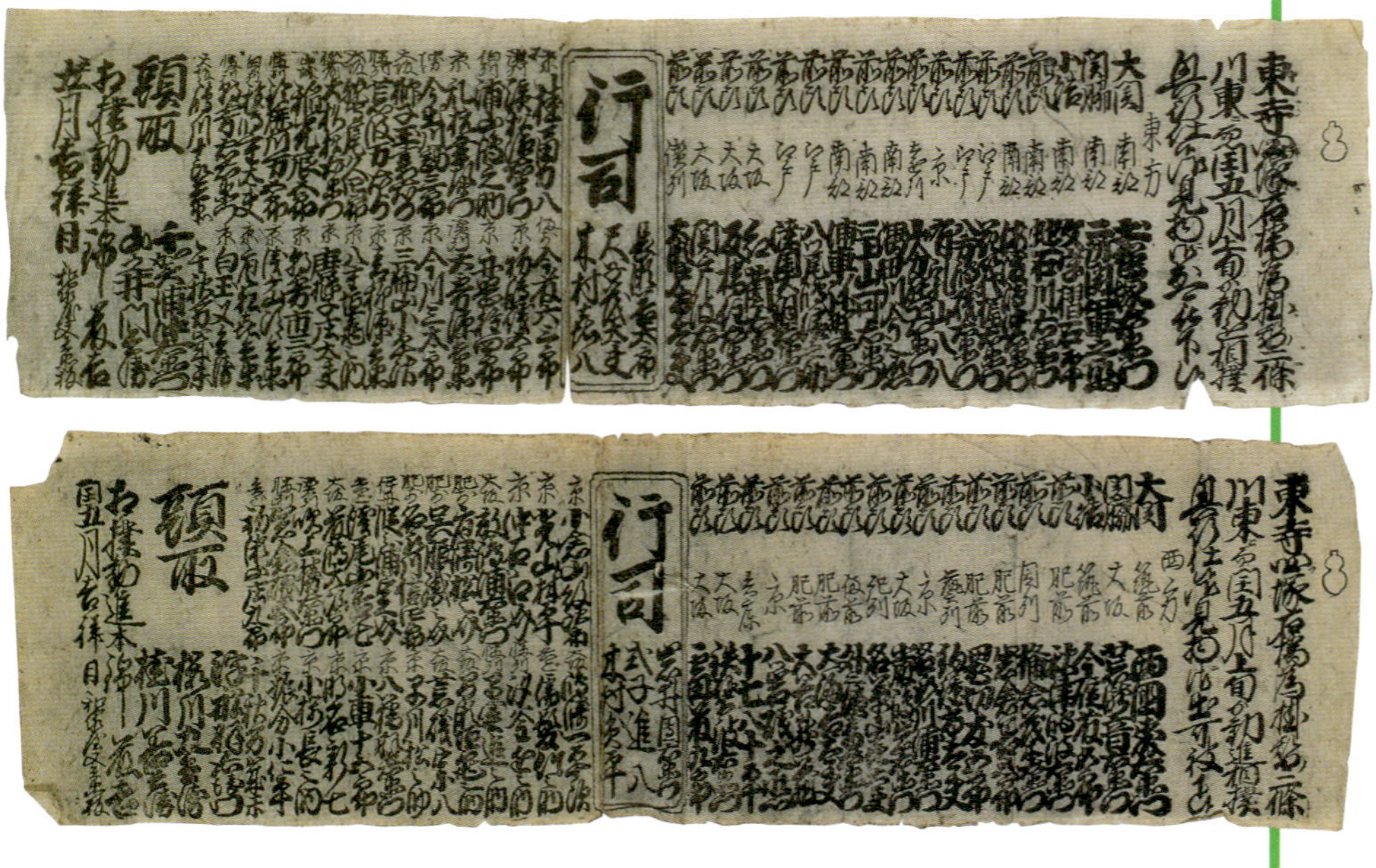

横番付《よこばんづけ》

木版《もくはん》刷り番付の原型《ず》は東西１枚ずつ、横長の２枚組。享保《きょうほう》17（1732）年閏《うるう》5月、京都の番付。上が東方、下が西方。
「頭取《とうどり》」とは江戸でいう年寄《としより》（親方《おやかた》）のこと。

戸では現在のように東西を一枚に収めた縦長の番付が用いられるようになりました。京都・大坂ではその後も長く東西二枚の形式が用いられていましたが、明治《めいじ》になってからは東京の形式にならい、一枚番付にあらためています。

　東方《ひがしかた》が格上、とする見方が定まったのも明治時代のことです。明治半《なか》ばころからは、横綱《よこづな》のいる側を東方とするならいとなり、明治の末に東西対抗の団体優勝制度ができると、勝った側が翌場所の東方を占《し》めることになって、はっきりと「東が上」となりました。現在では、同じ地位でも東方が半枚《はんまい》上、したがって東の横綱が最高位とされています。

縦番付《たてばんづけ》

東西を縦1枚に合わせた
宝暦《ほうれき》7（1757）年10月、江戸の番付。
現在の形式はこのときに始まる。

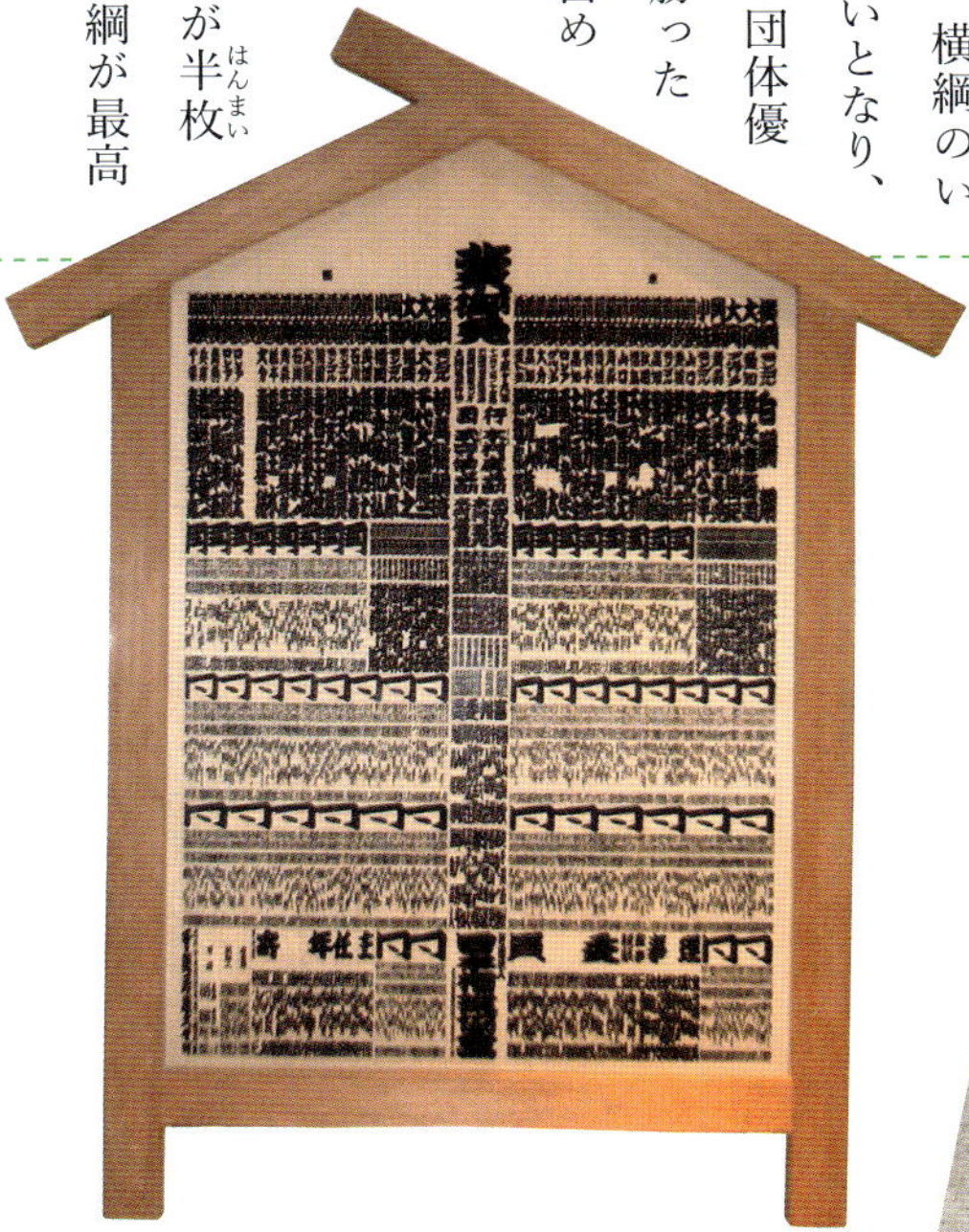

板番付《いたばんづけ》

本場所の際、相撲場の入り口には
板に大きく書かれた番付が櫓《やぐら》に
高く掲げられる。上部の木組みは大入《おおい》りの
縁起《えんぎ》を担《かつ》いだ「入」の字になっている。
平成19（2007）年11月場所のもの。

ひみつその1

力士のランク

十両【じゅうりょう】やっと一人前

番付《ばんづけ》の上から二段目（11頁）、幕下《まくした》の右側（上位）に、一段と太い字で書かれているのが「十両《じゅうりょう》」です（正式には「幕下十枚目《じゅうまいめ》」もしくは「十枚目」と呼びます。この呼び方は、かつて幕下の上から東西十人ずつが準関取《じゅんせきとり》格として遇《ぐう》されていたことに由来《ゆらい》します。現在は、十両は関取として、幕下とは明確に区別されています）。俗《ぞく》に「十両」と呼ぶのは「十両の給金《きゅうきん》を得ていたから」といいますが、ちょっと眉唾《まゆつば》ものです。

ここでようやく「力士養成員」を卒業し、一人前の力士《りきし》たる「関取」（※）として、「〇〇関」といった敬称《けいしょう》で呼ばれるようになります。

本場所《ほんばしょ》では大銀杏《おおいちょう》マゲを結《ゆ》い、化粧《けしょう》マワシを締《し》めての土俵《どひょう》入《い》り、稽古《けいこ》マワシや締《し》め込《こ》み、明《あ》け荷《に》や羽《は》織袴《おりはかま》など身の回りの品も様変わりします。相撲協会《すもうきょうかい》から給与を支給され、相撲部屋《すもうべや》では個室が与えられ、付《つ》け人《びと》として世話を焼く側から、付け人に世話を焼かれる側にまわるなど、生活は一変します。故郷には後援会ができるかもしれません。「新十両が一番嬉《うれ》しかった」と、力士たちが口をそろえて振り返るのも当然です。

しかしここまでたどりつくのは、大相撲《おおずもう》の世界に身を投じた若者たちのうち、せいぜい十人に一人程度。おまけに、その厳しい競争を勝ち抜いていったん十両に昇進しても、負けが込んで幕下に落ちれば元《もと》の木阿弥《もくあみ》。地位を守ろうと、誰もが必死です。

※中世末期、勝ち抜き形式の取組で最後に勝ち残ることを「関《せき》を取る」と称したことから、この名が起こった、と考えられています。

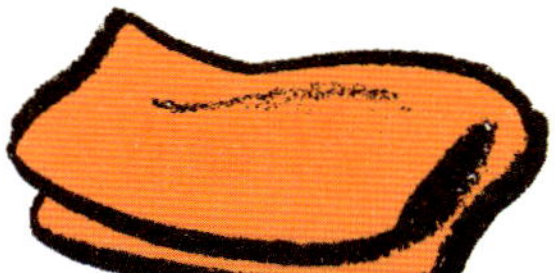

座ぶとん

土俵下の控え席で
使うことができる。

明け荷

関取の道具箱。
化粧マワシや取りマワシ、
浴衣《ゆかた》やタオルなど
身の回りの品を入れる。

塩かご

塩がまけるのも、
基本的には十両から。

付け人

関取の世話役。
幕下以下の力士が務める。
関取の地位によって、
十両なら２～３人、
横綱は10人前後。

羽織袴《はおりはかま》

ひみつその1

幕内・小結・関脇【まくのうち こむすび せきわけ】

記憶に残る力士

いよいよ番付《ばんづけ》の最上段（11頁）、「幕内《まくのうち》」です。その昔、上位力士《りきし》は幕をめぐらせた中に控《ひか》えていたことからきた呼び名ともいわれます。ここまで昇進できるのは、入門者の二十人に一人とも、三十人に一人ともいわれます。

以前は、出世《しゅっせ》の早い力士でも入門から五、六年はかかるのが当たり前でしたが、最近は二、三年でのスピード出世もまま見られます。とはいえそれはほんの一握《ひとにぎ》りのエリートたちに限られ、しかもアマチュア時代に培《つちか》われた基礎あってのこと、全体としてみれば、決して出世が簡単になったわけではありません。

幕内力士というと、「大関《おおぜき》」「関脇《せきわけ》」「小結《こむすび》」（※）の「三役《さんやく》」や「横綱《よこづな》」をも含めた総称になります。

横綱・大関はまた別格ですが、幕内力士ともなれば、野球に喩《たと》えればメジャーリーガー。本場所《ほんばしょ》の取組《とりくみ》は繰り返しテレビで放映されるなど、注目度も下とは段ちがいです。幕内上位に進めば、あるいは下位でも前半戦に勝ちまくれば、横綱・大関との対戦が組まれます。人気力士の取組にはスポンサーから多数の懸賞《けんしょう》がかけられ、上位力士を倒すなどして活躍すれば、「殊勲《しゅくん》」「敢闘《かんとう》」「技能《ぎのう》」の三賞《さんしょう》を獲得するチャンスもあります。

上位力士との対戦で勝ち越すことは容易ではありませんが、長いこと幕内にあって、上がれば負け越し、下がれば勝ち越しを繰り返していると、たいていは一度や二度は三賞を受賞し、三役力士として名を残すことになります。大関までは届かなくとも、名力士としてファンの記憶に刻《きざ》み込まれる力士も少なくありません。

※「関脇」は大関の次位《じい》に控える意、「小結」は、はっきりしませんが、役力士《やくりきし》の「小口《こぐち》の結《むす》び」からきた言葉とされています。

土俵上の作法

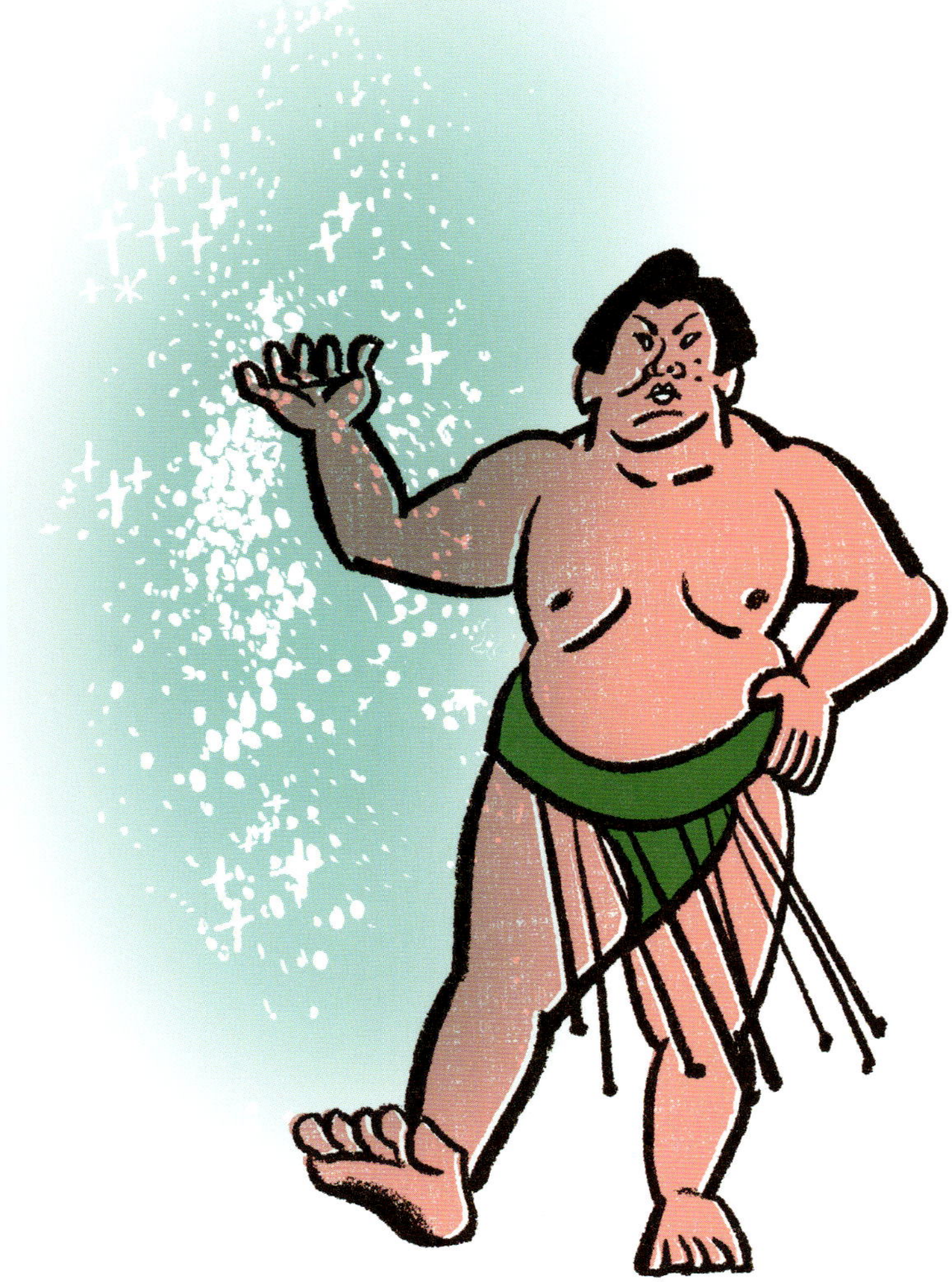

塩まき

まく量は力士によりさまざま。
1日に45キロの塩が使われるとか。

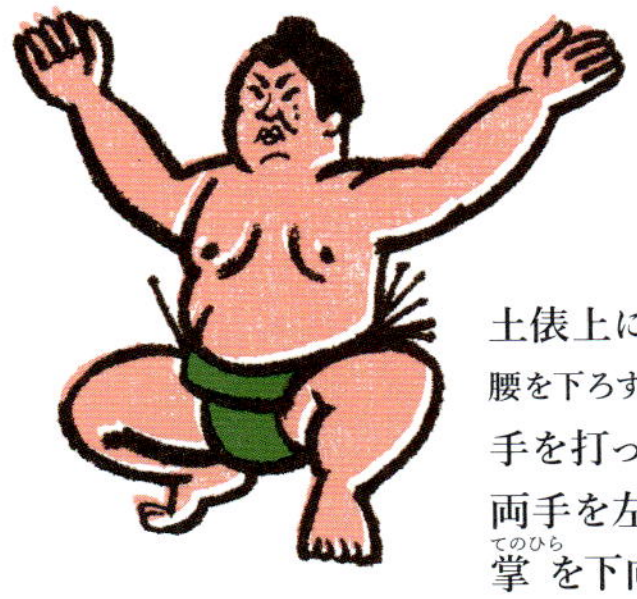

土俵上に蹲踞《そんきょ》（つま先立ちで腰を下ろす基本姿勢）し、手を打って、両手を左右に大きく広げ、掌《てのひら》を下向きに返す。

塵手水《ちりちょうず》

↓

力士の大きさ、力強さを誇示する所作。土俵の外に向かって右左、土俵中央に相対《あいたい》して右左。

シコ

↓

腰を下ろし両手をついてかまえ、相手との呼吸をはかって立合《たちあ》いに備える。現在の制限時間は幕内で4分。

仕切り

大関【おおぜき】

ひみつその1

昔はいちばん

古くは、番付《ばんづけ》の最高位は大関《おおぜき》（※）でした。これにつぐ関脇《せきわけ》・小結《こむすび》とあわせ「三役《さんやく》」と呼びますが、なかでも大関は別格、大相撲《おおずもう》を代表する強豪《きょうごう》力士《りきし》が「大関」と呼ばれたのです。

現在では上に横綱《よこづな》がいるので、ちょっと重みが減った感がありますが、それでも、大関に昇進するには関脇・小結で何場所《ばしょ》か好成績を続けなければなりません。いったん昇進すれば二場所連続して負け越さなければ関脇に陥落《かんらく》しない、陥落しても次の場所で十勝以上をあげれば復帰できる、などの特権が与えられます。

反面、成績がよくて当然なので、三賞《さんしょう》の対象からは除外されますし、十勝五敗くらいでは褒《ほ》めてもらえず、それ以上に負けが込むとさんざんに批判されるのも、特権に伴《ともな》う代償《だいしょう》といえるでしょう。

負け越した翌場所は、「ここで負け越せば陥落の瀬戸際《せとぎわ》」の意味で「カド番《ばん》」と呼ばれ、さながら針《はり》のムシロです。

新大関の誕生は、平均するとほぼ年に一人のペース。入門者からの比率でいうと百人ないし百五十人に一人くらいの割合です。大関で二場所連続優勝するか、それに近い成績をあげて、「品《ひん》格《かく》・力量抜群《りきりょうばつぐん》」と認められれば、横綱に昇進することになります。

なお、横綱は適格者がいなければ空位《くうい》となることもありますが、大関は東西に一人ずつは必要と考えられており、大関が欠けた場合は横綱が兼《か》ねることになっています。

※「大関」は、関取の「関」に美称《びしょう》「大」を冠した、関取中の第一人者を指す呼称です。

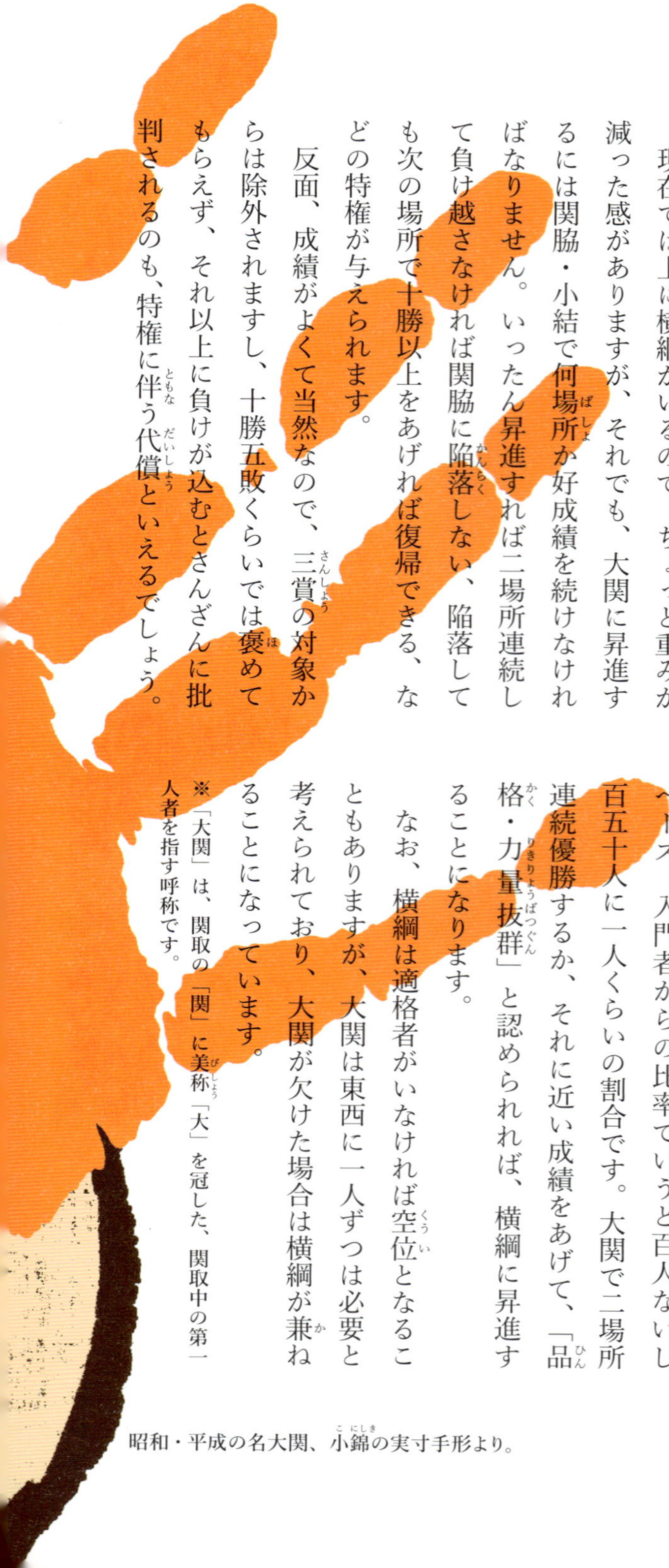

昭和・平成の名大関、小錦《こにしき》の実寸手形より。

相撲はすべてがランキング！

行司【ぎょうじ】

相撲の司会進行役

土俵《どひょう》上で両力士《りきし》の取組《とりくみ》をさばくのは、「行司《ぎょうじ》」の役割です。行司は古くは「行事」と書き、相撲という催《もよお》しを準備し取り仕切《しき》る、ディレクターのような役職を指していました。

興行《こうぎょう》運営の事務一般に携《たずさ》わるほか、土俵に関わる祭祀《さいし》を司《つかさど》ることなども、行司の重要な役割であり、相撲場《すもうじょう》の設営の仕方や儀式次第《ぎしきしだい》などのノウハウは、かつては行司の家に代々伝えられていました。行司こそは、相撲の「伝統」を伝える担《にな》い手だったのです。

現在でも行司は、番付《ばんづけ》を書いたり、取組編成会《とりくみへんせいかい》議《ぎ》（取組を決める場）の書記役を務めたり、さまざまな仕事をしています。その一環として、土俵上の取組をさばき、勝ち力士に勝ち名乗《なの》りをあげるわけですが、勝敗判定の最終的な権限《けんげん》を持ち責任を負うのは、審判員として土俵下に控《ひか》えている親方《おやかた》たちです（審判員から「物言《ものい》い」がついた際、行司は「一票」を持ちません）。行司はいわば「進行役」であり、自分の責任において判定を下す権限を委《ゆだ》ねられた他のスポーツの審判とは、ちょっとちがうのです。

行司にもランクがあります。最高位は「木村《きむら》庄之助《しょうのすけ》」、次位は「式守伊之助《しきもりいのすけ》」を名乗ることになっており、この二人が「立行司《たてぎょうじ》」と呼ばれます。以下、三役《さんやく》から序ノ口《じょのくち》格まで、力士の階級に対応した行司の格が決まっていて、それに応じて服装なども細かく定められています。

なお、現在の烏帽子直垂《えぼしひたたれ》姿は、中世武士の衣《い》装《しょう》をモデルとして明治《めいじ》末年に定められたものであり、それまでは近世社会で正装とされた裃《かみしも》姿が用いられていました。

幕下格以下の行司

素足で土俵に上がる。
冬などちょっと寒そう。
木綿《もめん》の直垂《ひたたれ》姿。

立行司

団扇《うちわ》（軍配《ぐんばい》）の房《ふさ》と胸元の菊綴《きくとじ》の色が、
行司の格をあらわす。
総紫が最高位の木村庄之助、
紫白は次位の式守伊之助。
庄之助は1日に1番しかさばかない。

ゆずり団扇《うちわ》

行司に代々受け継がれる軍配。
左が木村庄之助、右が式守伊之助のもの。
庄之助の軍配は200年近くにわたって
伝えられている。

ひみつその1

番付と相撲文字

相撲の番付《ばんづけ》に用いられている文字は、落語《らくご》の寄席《よせ》に用いられる「橘流《たちばなりゅう》」や歌舞伎《かぶき》の「勘亭流《かんていりゅう》」などとはまたちがう、相撲界独特の書体です。江戸時代以来永《なが》く番付の版元《はんもと》を務めていた根岸《ねぎし》（三河《みかわ》屋《や》）治右衛門《じえもん》の名をとって「根岸《ねぎし》流《りゅう》」と呼ばれるこうした書体は、だいたい明治《めいじ》時代あたりに定まってきたようです。

上位力士《りきし》の名をことさらに肉太で、なるべく隙間《すきま》を少なく書くのは、「大入《おおい》り満員」の縁起《えんぎ》を担《かつ》いだものといわれます。番付以外にも、取組披露《とりくみひろう》の用紙や明《あ》け荷《に》・幟《のぼり》など、相撲場《すもうじょう》のあちこちに、相撲文字《すもうもじ》が使われているのを見ることができます。

本場所《ほんばしょ》の成績を基《もとい》に定められた新番付は、現在は行司《ぎょうじ》の手で大きな紙（およそ縦一一〇センチ、横八〇センチ）に墨書《ぼくしょ》され、次の本場所の前まで厳重に保管されます。かつては木版刷《もくはんず》りでしたが、今では写真製版で縮小印刷されたものが相撲部屋《すもうべや》はじめ関係各所に配布

山川花錦

相撲《すもう》文字
（根岸流）

寄席《よせ》文字
（橘流）

歌舞伎《かぶき》文字
（勘亭流）

されます。ご贔屓筋《ひいきすじ》への挨拶《あいさつ》や、一月場所の番付であれば年賀状代わりに送られることもあります。

番付の下にゆくにつれて一段あたりの力士数が増えると、限られたスペースに多くの力士の名を詰め込むために、字は細く縦長になります。ちょっと見にくいようですが、「板番付《いたばんづけ》」として高いところに掲《かか》げられているのを下から見上げると、案外に読みやすかったりします。紙に印刷された番付でも、斜《なな》めにかざして見ると、目ざす力士の名を見つけやすいかもしれません。

脇役のランク

呼出【よびだし】

太鼓

興行の開始を知らせる「寄《よ》せ太鼓」、
終了を告げる「はね太鼓」。
太鼓櫓《やぐら》の上で打ちます。

ひみつその1

舞台をつくる

取組《とりくみ》ごとに土俵《どひょう》に上がり、白扇《はくせん》を広げて独特の節回《ふしまわ》しで東西の力士《りきし》のシコ名《な》を呼び上げるのは、その名の通り「呼出《よびだし》」の最も重要な仕事です。

ほかにも、土俵づくりから、相撲興行《こうぎょう》の予告や一日の興行の開始・終了を告げるための太鼓《たいこ》を打つこと、土俵上の進行の節目ごとに拍子木《ひょうしぎ》を入れたり、土俵をほうきや水で掃《は》き清めたり土俵周りの小道具を整えたり、相撲興行のための舞台《ぶたい》装置をしつらえ手入れをすることまで、相撲の進行を脇《わき》で支えるのは、その一通りが呼出の仕事です。

行司《ぎょうじ》をディレクターとするならば、さしずめ呼出はアシスタントディレクターでしょうか。呼出の仕事なしには大相撲《おおずもう》の舞台は整いません。

呼出の最高位は「立呼出《たてよびだし》」。結《むす》びの一番の呼び上げに登場します。

土俵づくり

本場所ごとに
呼出総出でつくります。

脇役のランク

床山

【とこやま】

マゲの職人

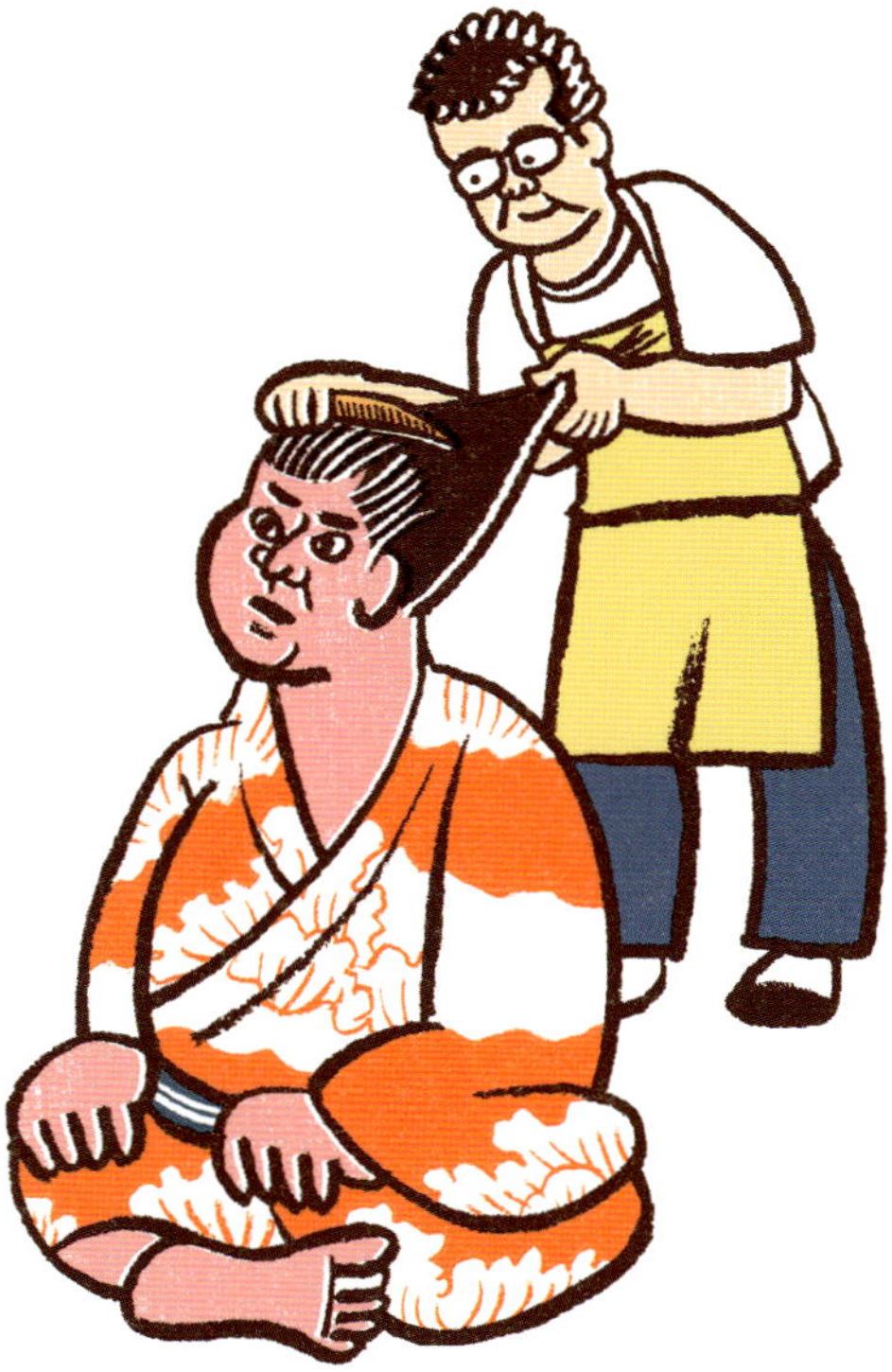

江戸時代であれば、一般の人々はマゲを結《ゆ》っていることが当たり前でしたが、明治維新《めいじいしん》以降一般人の風俗《ふうぞく》は大きく変化し、今では日常生活でマゲを結っているのは力士《りきし》くらいのものでしょう。そのマゲを結う作業を一手に引き受けているのが床《とこ》山《やま》です。

「床山」の語は、大相撲《おおずもう》界だけでなく、歌舞伎《かぶき》などに用いる鬘《かつら》の製作管理にあたる人、また日本人形の髪を結い上げる人を指しても用います。江戸時代以来、一般人の髪を扱う「床屋《とこや》」と区別して用いられてきたようです。

大相撲の床山は各相撲部屋《すもうべや》に所属しており、その部屋の力士たちのマゲを結っています。床山は、「床○」というように「床」の字を冠《かん》した名を名《な》乗《の》るしきたりになっており、「特等《とくとう》」を頭に「一等」から「五等」までのランクがあります。

床山の道具（一部）

すき油《あぶら》
（鬢《びん》付《つ》け油）
つや出し、
整髪のための油。
独特の香りがする。

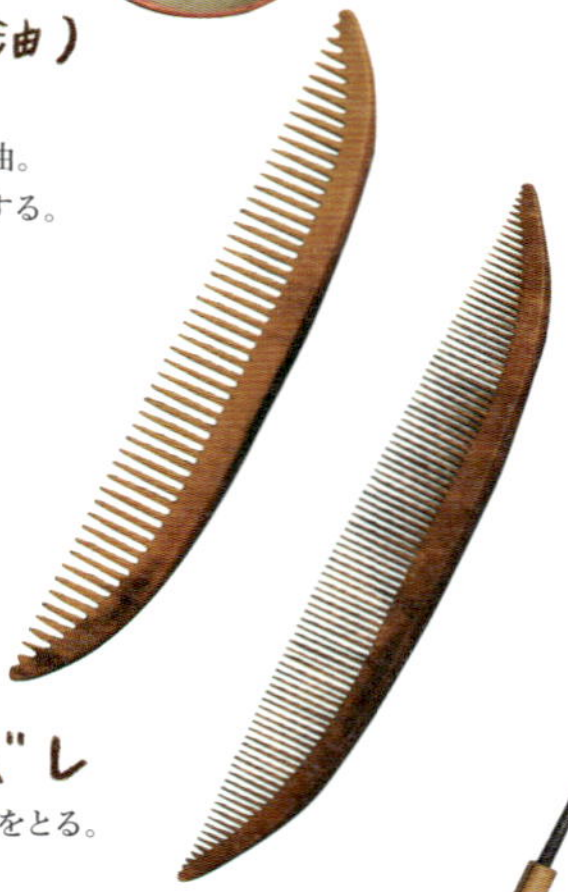

荒《あら》ぐし
髪のもつれをとる。

そろえぐし
髪すきの仕上げに使う。

マゲ棒《ぼう》
鬢の部分などを
整える。

ふだんの力士たちは簡単な「チョンマゲ」を結っていますが、十両《じゅうりょう》以上の関取《せきとり》の場合、本場所《ほんばしょ》の取組《とりくみ》などの際には「大銀杏《おおいちょう》マゲ」といって、マゲ先を広げ、鬢《びん》を大きく張り出させた特殊なマゲを正装として用います。本場所の支度部屋《したくべや》には、出番前の力士のマゲを整えたり、取組を終えた力士の大銀杏をくずしてチョンマゲに戻したりする床山の姿が必ず見られます。

なお、巷間《こうかん》には「マゲが結えなくなった力士は引退しなければならない」という俗説があるようですが、実際にはそのような規則はなく、マゲが結えなくなっても土俵《どひょう》に上がった力士はいます。

大銀杏マゲ
名称はマゲの先が
銀杏《いちょう》の葉に
似ていることから。

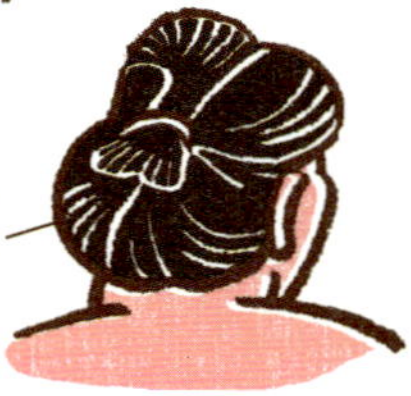

チョンマゲ
装飾性を持たない、
日用の簡略なマゲ。

取組の決め方

本場所《ほんばしょ》の取組《とりくみ》は、みなが同じ条件で総当《そうあ》たりというわけではありません。現在は「部屋別《へやべつ》総当たり」といって、佐渡ヶ嶽《さどがたけ》部屋の琴《こと》欧洲《おうしゅう》と琴光喜《ことみつき》のように同じ相撲《すもう》部屋《べや》に属している力士《りきし》同士は対戦しません（北桜《きたざくら》と豊桜《とよざくら》の兄弟のように近親関係にある場合は、部屋がちがっていても対戦させないことになっています）。

同じ部屋に強い力士がたくさんいれば有利になるのは、個人優勝を争《あらそ》ううえで不公平な条件ですが、相撲はもともと個人戦ではなく、二つの陣営の対抗戦のかたちで始まったのです。

江戸時代から昭和のはじめごろまでは「東西制」といって、番付《ばんづけ》の東《ひがし》方《かた》同士、西方《にしかた》同士は対戦しませんでした。力士たちはいくつかの相撲部屋のまとまりごとに東西いずれかに所属し、番付は東方・西方それぞれの内部で昇降していたのです。個人優勝より先に、東西対抗で争う団体優勝が制度化され、現在では優勝力士に授与《じゅよ》される優勝旗は、もともとは東西対抗の勝ち方に授与する団体優勝旗としてつくられました。

しかし、個人優勝が制度化されてからは、次第《しだい》に個人の勝敗に関心が集まるようになり、取組のバラエティを広げる意図もあって、東同士、西同士も対戦する「総当たり制」に移行することになります。

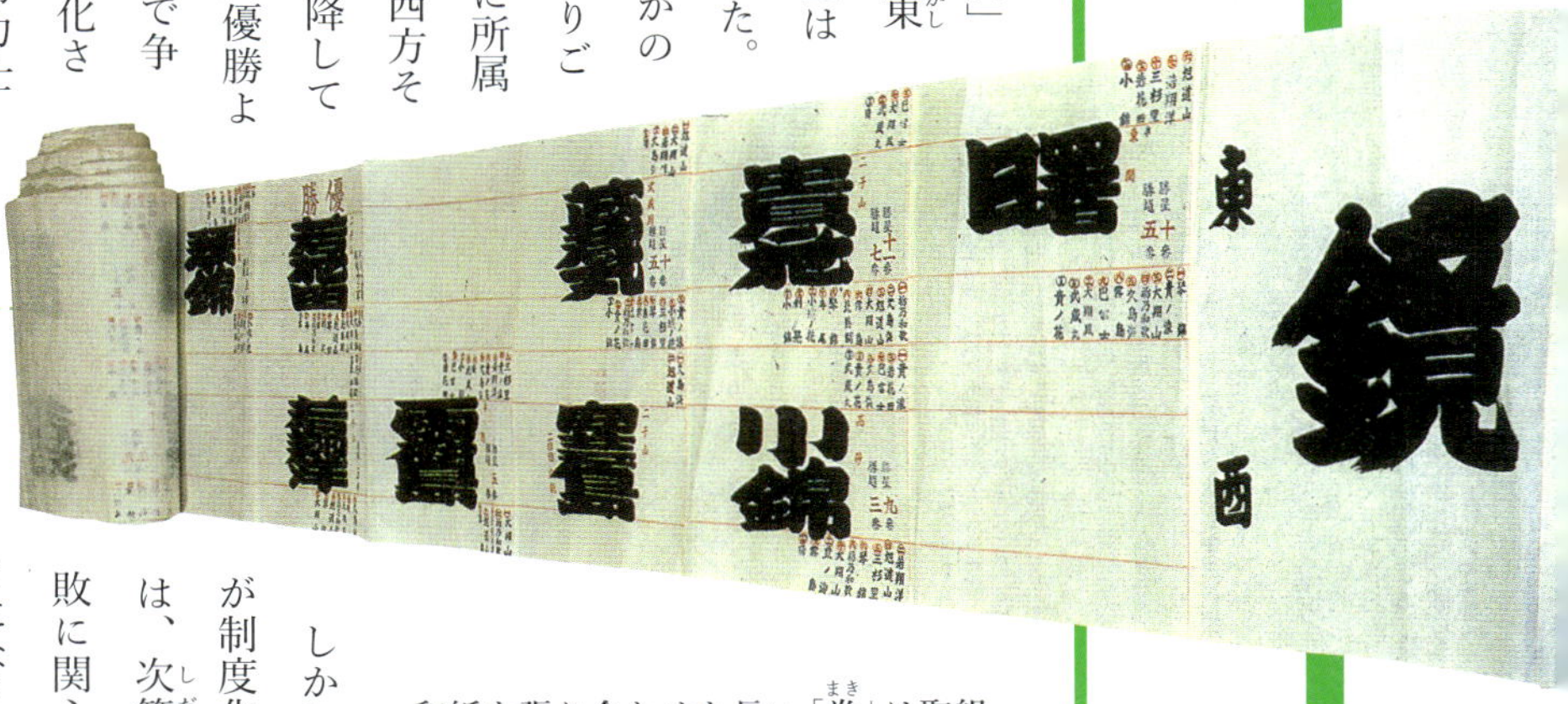

和紙を張り合わせた長い「巻《まき》」は取組・勝敗記録の原簿《げんぼ》。全力士のシコ名が記され、これに碁石《ごいし》を置きながら対戦相手を決めていく。「鏡」とは「照《て》らし合わせる手本」の意味。

年寄【としより】

相撲のオヤブン

厳しい競争を勝ち抜いて力士《りきし》として成功したとしても、現役《げんえき》で土俵《どひょう》を務めることができるのは長くとも三十歳代の半《なか》ばくらいまで。現役を退《しりぞ》いた後は、相撲部屋《すもうべや》を興《おこ》して後進の指導にあたったり、相撲協会《すもうきょうかい》の運営に携《たずさ》わったりすることが、大相撲《おおずもう》世界での次のステップになります。

　しかし相撲部屋を持ったり、相撲協会の役員になったりするには、俗《ぞく》に「親方《おやかた》」と呼ばれる「年《とし》寄《より》」の資格を得なければならず、それには出羽《でわ》海《うみ》、二所《にしょ》ノ関《せき》など一〇五ある「年寄名跡《みょうせき》」のうちのいずれかを継承することが必要です（ただし「一代年寄《いちだいとしより》」の特例あり）。原則として、現役時代に一定の実績を残して基本的な資格を得たうえで名跡を取得して、現役引退と同時に襲名《しゅうめい》し「〇〇親方」と呼ばれるようになります。

上がり座敷《ざしき》で親方が目を光らせていると、稽古場の空気もいっそう張りつめます。

「年寄名跡」の「名跡」とは、代々受け継《つ》がれた名乗《なの》りのことで、歌舞伎《かぶき》や落語《らくご》の世界で由緒《ゆいしょ》ある名乗りを「名跡」と呼ぶのと同じです。年寄名跡の多くは、江戸時代の力士のシコ名や行司《ぎょうじ》の名乗りがもとになっています。現在では、力士経験者でなければ年寄になれませんが、昔は行司から年寄になることも可能であり、相撲経験のない年寄も少数ながらおりました。

　年寄はもともと、入場料をとって見せる催《もよお》し（興行《こうぎょう》）としての相撲を主催するプロモーターとしての側面、相撲部屋を統括《とうかつ》するマネージャーとしての側面、力士を養成するコーチとしての側面など、さまざまな側面を持っていました。力士を傘《さん》下《か》に抱えて小さな興行を主催する興行師たちが、定期的に寄り集まって「本場所《ほんばしょ》」というかたちで大きな興行を打つための、同業組合の参加資格として成立し、そうした資格が名跡とともに継承されてきたのです。

　現在では年寄は独自に興行を主催することはなく、相撲協会の一員として大相撲の運営の中枢《ちゅうすう》に携わっています。「相撲界のことは相撲界の者で」という大相撲界の自律性を象徴するしくみです。

相撲場の入り口でチケットを切るのも年寄の役目。往年《おうねん》の名力士に会えることも。

脇役のランク

若者頭・世話人【わかいものがしら・せわにん】

ひみつその1

興行《こうぎょう》を主催する年寄衆《としよりしゅう》をたすける裏方として、「若者頭《わかいものがしら》」「世話人《せわにん》」がいます。いずれもあまり表《おもて》には立たない、縁《えん》の下の力持ちです。

「若者頭」は「わかいものがしら」と読みます。大相撲《おおずもう》の世界では、どれほど年期《ねんき》を積み年齢を重ねても、幕下《まくした》以下の「養成員」は一くくりに半人前の「若い者」として扱われます。その「若い者」

縁の下の力持ち

たちを指揮し指導する頭領《とうりょう》の意味で、「若者頭」の名が用いられたものです。

日常的には稽古《けいこ》の監督や生活の指導、本場所《ほんばしょ》や巡業《じゅんぎょう》では土俵《どひょう》周りの設営や取組《とりくみ》進行に関わる雑務をこなします。千秋楽《せんしゅうらく》の表彰式や、優勝決定戦が行なわれる場合には、その進行を差配《さはい》している様子がテレビ画面に映《うつ》ります。

「世話人」は若者頭の助手として本場所や巡業の雑務に従事し、木戸《きど》（相撲場《すもうじょう》の入退場口）の管理や、巡業では用具の運搬・管理などに従事します。

いずれも、年寄のように代々継承される名跡《みょうせき》はなく、現役《げんえき》時代のシコ名のままで務めています。もともとは、「若い者」のまま土俵を長く務めたベテランが、現役を引退《いんたい》して就任するのがふつうでしたが、最近は十両《じゅうりょう》・幕内《まくのうち》を務めた力士《りきし》が採用されることも多くなっています。

シコ名

力士《りきし》の名乗《なの》りを「シコ名《な》(四股名)」といいます。「醜名」と書くこともあります。江戸時代のはじめにはすでに相撲取《すもうとり》の名乗りが史料に見えます。

当初は「稲妻《いなづま》」「辻風《つじかぜ》」のように自然現象などを用いたものが主ですが、江戸時代も半《なか》ばを過ぎるころには、大相撲《おおずもう》が社会に定着し、力士と郷里《きょうり》との結びつきが密になっていったことを反映してか、相撲集団の根拠地や自身の郷里の山河名勝《さんがめいしょう》の名を負うケースが、次第《しだい》に増えてきます。

現代でも、高知出身の「土佐《とさ》ノ海《うみ》」や青森出身の「岩木山《いわきやま》」、外国出身力士でも「琴《こと》欧洲《おうしゅう》」や「黒海《こっかい》」のように、郷里の地名にちなんだシコ名は少なくありません。地元ファンも声援を送りやすいでしょう。

また、師匠《ししょう》や同門の先輩のシコ名を継《つ》いだりその一字をとったりする例もあります。伊勢《いせ》ノ海《うみ》部屋の「柏戸《かしわど》」や高砂《たかさご》部屋の「朝潮《あさしお》」などのように由緒《ゆいしょ》ある名跡《みょうせき》として何代にもわたって引き継がれている例、部屋の師匠のシコ名の一字を、「琴」がつけば佐渡《さど》ヶ嶽《たけ》とか、「朝」は高砂、「玉」なら片男波《かたおなみ》などといった具合に、部屋のしるしとして用いる例もあります。

シコ名というと「○○山」「△△川」が代表のように思われるかもしれませんが、「山」は確かに多いものの「川」はさほどでもありません。「海」「錦」「花」「龍」などは昔からの定番、「富士」は比較的最近になって増えてきた感があります。

白鵬《はくほう》

中国伝説の巨鳥「鵬《おおとり》」に由来。

本場所の一日

年六度の本場所《ほんばしょ》は、力士《りきし》たちが稽古《けいこ》の成果を観客の観覧に供し、番付《ばんづけ》の昇降をかけて勝敗を争《あらそ》う、晴れの舞台《ぶたい》です。主役の力士たちをはじめ、脇《わき》を固める行司《ぎょうじ》・呼出《よびだし》、裏方を務める多くの人々の努力のすべてが、本場所のために注《そそ》がれています。朝早くから一日中をかけて展開される本場所の流れを、追ってみましょう。

時間は大まかな目安。
千秋楽《せんしゅうらく》は各段の優勝決定戦や表彰式の都合で、それぞれ30分ほど早まります。

8:00
開場 1
櫓《やぐら》の上からトントントトンと響く
呼出の寄《よ》せ太鼓とともに、さあ、一日の始まり。

8:30ごろ
前相撲 2
まだ初々《ういうい》しい新弟子たちの初土俵。
館内は暗く、観客の姿もまばらです。

ふつうは3日目あたりから3日間程度、新弟子の多い3月場所は2日目から場所後半まで行なわれる。

9:00ごろ
序ノ口～幕下の取組 3
ランクが上がるにつれて力士の成長を見るかのよう。
三段目の途中、13時ごろからは
衛星放送の中継も始まります。

1日に序ノ口15番、序二段60番、三段目50番、幕下30番ほどの取組。

14:30ごろ
十両土俵入り 4
ようやく関取の登場。力士たちが土俵にそって円形に並んでの顔見せ。
華《はな》やかな化粧マワシが観客の目を楽しませます。
全員そろうと内向きに輪になって手を打ち右手を上げ（上段のかまえの代わり）、
両手で化粧マワシをヒョイと持ち上げ（シコの代わり）両手を上げる（塵手水《ちりちょうず》の代わり）。

弓取り式

18:00

⑩ 弓取り式、打ち出し

結びの一番に勝った力士の代わりに、
幕下の専門力士が行司から弓を受け取り、
弓取《ゆみと》りの所作を披露《ひろう》して1日を締めくくります。
呼出のはね太鼓とともに、みな家路につきます。

17:50ごろ

⑨ 結《むす》びの一番

1日のクライマックスは横綱の取組。
本場所も後半になれば三役同士の
対戦も組まれ、さらに盛り上がります。
横綱が負けると座《ざ》ぶとんが飛ぶことも
（いちおう、禁止されていますけどね）。

16:20ごろ

⑧ 幕内の取組

おなじみの人気力士・強豪《きょうごう》力士が続々と登場。
仕切り直しごとに高まる緊張と、白熱する勝負に、
テレビで観るよりも時間が経《た》つのが早く感じられます。

17:10ごろに勝負審判の交代をはさみ、前後あわせて20番ほどの取組。

16:00ごろ

⑦ 横綱土俵入り

太刀持《たちも》ち、露払《つゆはら》いを従えた横綱の堂々たる風格。
手を打つ音が響きわたります。シコを踏む瞬間に
場内から「ヨイショ！」の声がかかります。

15:50ごろ

⑥ 中入り・幕内土俵入り

十両の取組が終わると「中入《なかい》り」という休憩時間に。
行司に先導され幕内力士が土俵上に。所作《しょさ》は十両と同じ。
館内のあちこちから、贔屓《ひいき》力士のシコ名《な》が飛びかいます。

14:50ごろ

⑤ 十両の取組

土俵入りの後「幕下上位の取組」5番をはさみ、十両力士の取組です。
見た目もいよいよ力士らしく。2番ごとに行司と呼出が替わります（以降同じく）。
NHK（総合テレビ）でも中継が始まります。

館内の電光掲示板に13〜14番ほどの取組が表示されています。

幕内土俵入り

蒙御免

番付《ばんづけ》の中央、最も上に大きく書かれている「蒙御免」の三文字は、「御免《ごめん》を蒙《こうむ》る」と訓《よ》みます。

これは、「公儀《こうぎ》（お上《かみ》）の許可（御免）を得た（蒙った）」ことを掲《かか》げたもので、現代の大相撲《おおずもう》興行《こうぎょう》の原型となった江戸時代の相撲（「勧《かん》進《じん》大相撲」といって、これについては「ひみつその2」で）が、寺社修造のための寄付を募《つの》るなどといったチャリティの名目《めいもく》をうたって、当局（江戸でいえば寺社奉行《じしゃぶぎょう》）の許可をうけて行なわれたことに由来《ゆらい》します。

チャリティの名目はじきに形骸《けいがい》化《か》して、「渡世《とせい》のため」つまり力《りき》士《し》や年寄《としより》など相撲に関わる人々が生活の糧《かて》を得るための営利興行が、ほぼ自動的に認められるようになりました。

さらに近代に入れば社会の制度が根本的に改変されて「御免」もその実質をうしないますが、こうした表現はいわば様式美として、現在にまで継承されているのです。

御免札《ごめんふだ》

相撲場の入り口に板番付《いたばんづけ》とともに掲げられる。

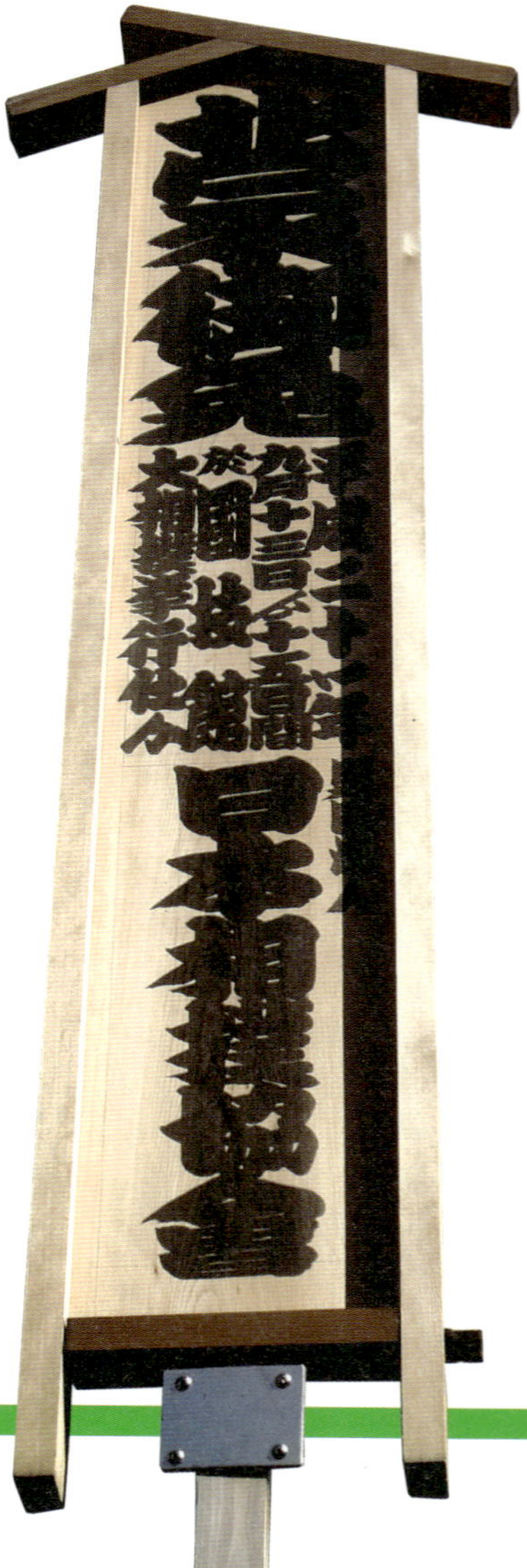

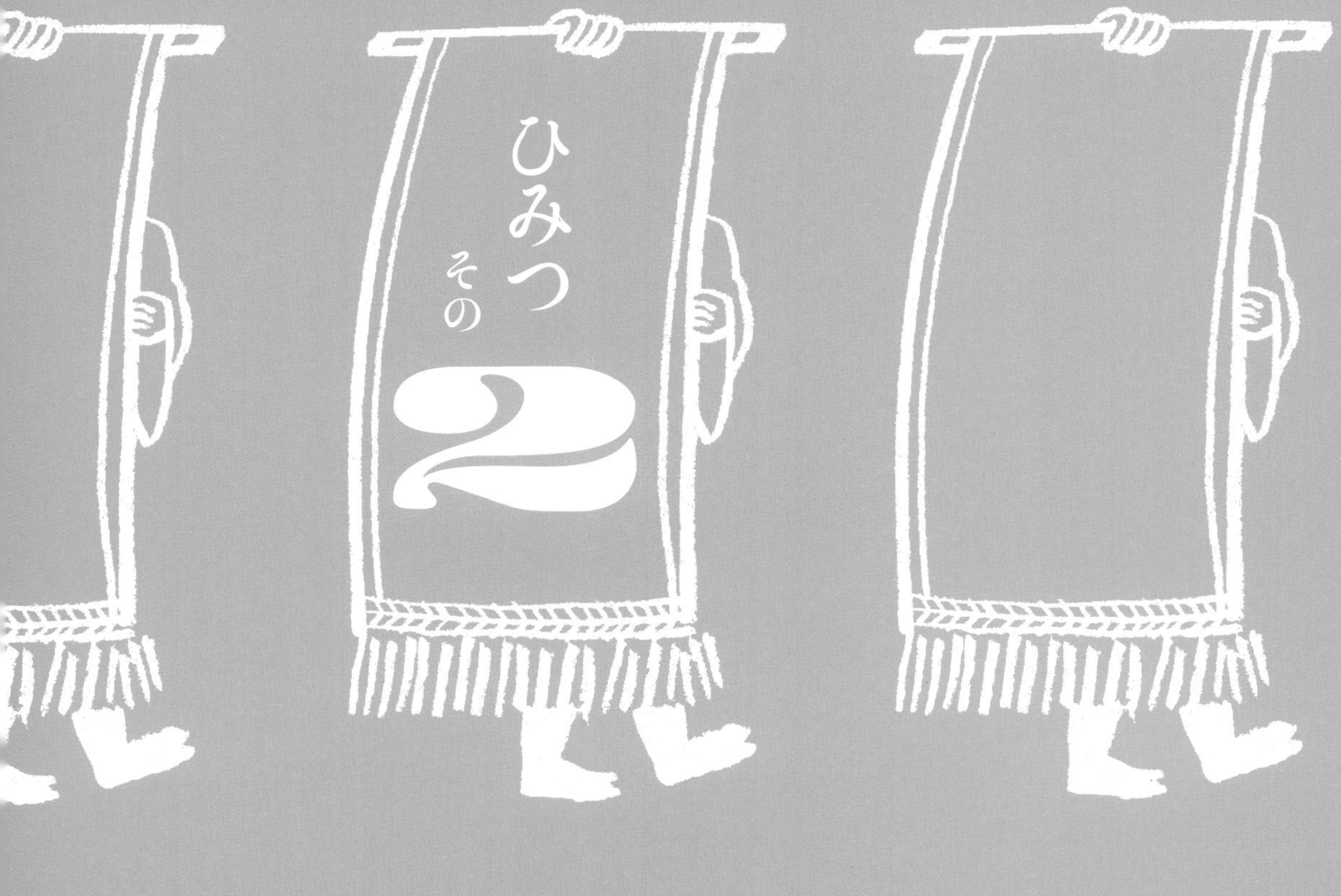
ひみつ
その
2

相撲は「見せる」もの！

ひみつその2

相撲はそもそも「観客に見せる」ために成立しました。はじめは天皇や貴族のために、ついで神仏《しんぶつ》のために、そしてやがて広く人々のために。

力と技術にすぐれた者たちが、その技量《ぎりょう》を発揮《はっき》し演じてみせる。それはただ相手を倒すための格闘ではなく、さまざまな工夫を凝《こ》らされた演出のしかけの中で、人並《ひとなみ》すぐれた手練《てだ》れの技を観客に披露《ひろう》する技芸《ぎげい》として、成立したのです。

観客も、相撲の取組《とりくみ》だけでなく、会場のしつらえや儀礼《ぎれい》化された所作《しょさ》など、さまざまな文化的装飾《そうしょく》を楽しみました。その楽しみが、時代をくだるにつれて、次第《しだい》に多くの人々に共有されるようになってゆきます。観客層の拡がりにつれて、「見せる」ことの内容・演出も変わってきます。現代の大相撲《おおずもう》を彩《いろど》るさまざまなしかけは、観客に見せるための工夫を積み重ねる中で、長い時間をかけて少しずつ形づくられてきたのです。

現代スポーツの多くがアマチュアのプレーから始まったのとちがい、観客の存在を前提として生まれ、「見せる」ために行なわれるプロの技芸として育ったこと。そこに、相撲の歴史をつらぬく「ひみつ」があります。

現代の相撲場、両国・国技館《こくぎかん》内。満員ともなれば１万人を超える観客を、取組だけでなくさまざまな儀式や場内の装飾が魅了する。

満員御礼
満員御

「相撲」以前の相撲

ひみつその2

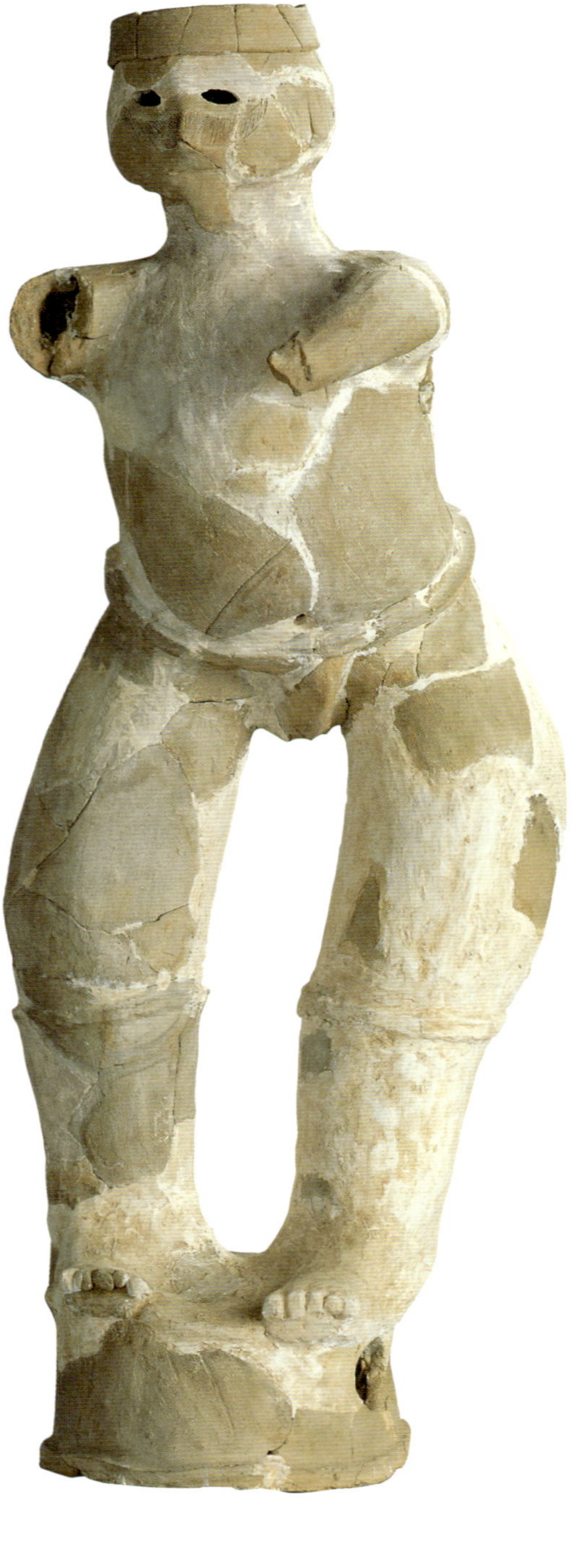

古代の力士

和歌山市の井辺《いんべ》八幡山古墳《はちまんやまこふん》から出土した力士の埴輪《はにわ》。「裸にフンドシ」が古代の力士の姿を今に伝える。6世紀はじめごろ。

相撲は「見せる」もの！

相撲の語源

「すもう」という言葉は、「争《あらそ》う」「抵抗する」という意味の動詞「すまふ」に由来《ゆらい》する、と考えられています。

「すまふ」の連用形《れんようけい》「すまひ」が名詞として用いられ、これに漢語「相撲」の表記があてられたもので、古くは「スマイ」と発音されました。相撲をとる人は「相撲人（スマイビト）」もしくは単に「相撲（スマイ）」と呼ばれていました。「すまひ」から「すもう」に変化したのは、室町《むろまち》時代のことのようです。

江戸時代には、「相撲」以外にも「角力」「角觝」「角抵」など、さまざまな表記が「すもう」にあてられています。「角」の字には「くらべる」「きそう」などの意味があり、「角力」は「力をくらべる」、「角觝」「角抵」（いずれも音読みは「かくてい」）だと「きそいあらがう」「きそいふせぐ」などといった意味になります。相撲界を「角界《かくかい》」、相撲好きを「好角家《こうかくか》」などと呼ぶことは、こうした用字からきています。

「すまひ」という言葉は、もともとは「きそい合い」一般を広く意味して用いられました。組み打ちも「すまひ」、殴《なぐ》り合いや蹴《け》り合いも「すまひ」だったのです。

古くは、各地でさまざまな「すまひ」が行なわれていました。それらはたがいに同じルールや様式にのっとった競技ではなく、それぞれの地域ごとに特色あるかたちで行なわれていたでしょう。そうしたさまざまな「すまひ」が、「相撲」の原型になりました。

「相撲」以前の「すまひ」の姿は、神話の中に断片的にうかがい知ることができます。『古事記《こじき》』が国津神《くにつかみ》から天津神《あまつかみ》への「国譲《くにゆず》り」神話として伝える、タケミカヅチとタケミナカタとの力くらべは、たがいに手をとり合って拉《ひし》ぎ合うものでした。

『日本書紀《にほんしょき》』が相撲節《すまいのせち》（52頁）の起源神話として位置づける、ノミスクネ（野見宿禰）とタイマノケハヤ（当麻蹶速）の「すまひ」は、スクネがケハヤの腰《こし》を踏《ふ》み破って殺してしまうという、凄惨《せいさん》な結末になっています。いずれも、観客に見せる技芸《ぎげい》として洗練される以前の、荒々しい格闘のさまを伝えています。

奈良時代の朝廷《ちょうてい》では、各地から力自慢・格闘の達人を集め、兵士として用いる一方で、その対戦を天皇や外国からの賓客《ひんきゃく》など貴人の観覧に供《きょう》することがありました。当初は「相撲」として統一されず、打突《だとつ》系・組技《くみわざ》系など各地のさまざまな技がたがいにきそい合う「異種格闘技戦《いしゅかくとうぎせん》」が繰り広げられましたが、やがて朝廷の行事としての相撲が定例化するにつれて、観客に見せる技芸として洗練されてゆくことになります。

スクネとケハヤの「すまひ」

たがいに蹴り合うという、今のキックボクシングのような戦いの様子が伝えられている。

相撲はどこからきたのか

相撲とよく似た競技は、現在でも世界各地で行なわれています。日本の近辺に限っても、モンゴルのボフ、韓国《かんこく》のシルムなどがあり、また沖縄《おきなわ》ではウチナージマという独特の格闘競技が行なわれています。台湾《たいわん》や中国各地にも民族伝統のさまざまな格闘技が伝えられています。そうした格闘技の中に「相撲のルーツ」を見いだそうとすることが、昔からしばしば試みられてきました。

　モンゴルに連《つら》なる北方系の格闘技にルーツを求めたり、南九州の隼人《はやと》族の相撲を手がかりに南方系の格闘技とのつながりを探ったりする試みは、日本文化の源流を探し求めるロマンティックな関心と響き合い、人々の興味を惹《ひ》いてきました。

　しかし、「相撲のルーツ」をいずれか一つに局限《きょくげん》しようとすることに、そもそも無理があります。古来、日本列島には、北から南から、さまざまな人々が渡来し、「日本文化」の原型を形づくってきました。同じように、あちこちからきたさまざまな「すまひ」を素材として、「相撲」は日本で、それも都《みやこ》において誕生したのです。

古代エジプトの「すまひ」

古代エジプト王墓《おうぼ》に描かれた約4000年前の格闘技。さまざまな組み合いは、日本の「相撲」によく似ている。

古代中国の「すまひ」

黄河《こうが》の下流、後漢《ごかん》時代の墓に描かれた約1800年前の格闘技。髪を束ね腰布姿での取組は、日本の「相撲」に似る。

ひみつその2

天皇・貴族に「見せる」相撲

奈良時代に時おり行なわれた貴人による相撲観覧は、平安時代に入ると「相撲節《すまいのせち》」と呼ばれる七月恒例《こうれい》の年中行事《ねんちゅうぎょうじ》（朝廷《ちょうてい》で行なわれる公《おおやけ》の儀礼《ぎれい》）になります。各地に使者を派遣して相撲人《すまいびと》（相撲取《すもうとり》）を集め、左右二つの陣営に分けて稽古《けいこ》させ、天皇・貴族の目の前で本番は両陣営の対抗戦、翌日には「お好み」の選抜試合が催《もよお》されました。

取組《とりくみ》ごとに華《はな》やかな雅楽《ががく》や舞《まい》に彩《いろど》られ、取組後には種々の余《よ》興《きょう》とともに盛大な宴会が繰り広げられました。現在でも俳諧《はいかい》で

相撲節《すまいのせち》

内裏《だいり》（天皇の居所）紫宸殿《ししんでん》の庭で華やかに繰り広げられた。

は「相撲」は秋の季語《きご》とされていますが、それは相撲節が行なわれた旧暦七月が暦《こよみ》の上では初秋にあたることに由来《ゆらい》します。

相撲節の時代には土俵《どひょう》はなく、相手を倒せば勝ちとなりました。取組を見たある貴族の日記は、「右方の相撲人が前に進んで足をからめたところ、左方が首をはさんで投げようとし、右方がさらにからんで今度は左方が倒れた」とか「左方が右方を引き回し、足をからめたところ、右方が足をはさんで投げふせた」などと、手さばきの様子を伝えています。

こうして繰り広げられた格闘技芸《ぎげい》が、平安時代の約四百年間を通じて回を重ねることによって、少しずつ相撲としてのかたちを整えてゆくことになります。戦いそのものよりも技芸・娯楽《ごらく》の要素が強まり、格闘の強さよりも、儀礼や様式に通じたベテランの相撲人が重宝《ちょうほう》されるようになります。平安末期には、六十歳を過ぎてなお相撲節に召《め》し出され、「もう身がもちません」と繰り返し嘆願《たんがん》してようやく取組を免除される相撲人もおりました。

説話伝承の中の相撲

雄略《ゆうりゃく》天皇のころ、と後世《こうせい》の史書は伝えます。猪名部真根《いなべのまね》という木工の名人がおり、自らの技を誇《ほこ》ること甚《はなは》だしく、その驕慢《きょうまん》を憎んだ天皇は真根を召《め》してその技を試すこととしました。

このとき天皇は一計《いっけい》を案じ、宮中《きゅうちゅう》の女官の衣服を脱がせて「犢鼻褌《とうさぎ》」と呼ぶフンドシひとつのいでたちにし、仕事をする真根の間近で相撲をとらせたのです。さすがの名工も女性の裸《はだか》に注意を奪われて手元を狂わせ刃を損じ、天皇の怒りに触れ断罪されようとしたところを、その名人技を惜《お》しんだ人々のとりなしで救われた、ということです。

いわば「女相撲」の記事ですが、説話の前提として、「裸にフンドシ」といういでたちが「相撲」の装《よそお》いとしてごく当たり前に語られていることが、興味を惹《ひ》きます。

平安時代、中納言伊実《ちゅうなごんこれざね》という相撲好きの公卿《くぎょう》がおりました。相撲好きが昂《こう》じて学問が疎《おろそ》かになることを憂《うれ》えた父大臣が一計を案じ、相手の腹に頭をつけてねじり倒すのを得意技とすることから「腹くじり」とあだ名された当時評判の相撲人《すまいびと》を召し、これに負けたら相撲を慎《つつし》み学問に精進《しょうじん》せよ、と放蕩《ほうとう》息子に命じたのです。

さて立合《たちあ》い、「腹くじり」は伊実の腹に頭をつけ食い下がる絶好の体勢、と思いきや伊実は「腹くじり」の背中越しにフンドシの結び目をつかみ、力まかせに押しつぶしてしまったのです。面目《めんもく》丸つぶれの「腹くじり」は遁走《とんそう》、以降伊実は父の顔色をうかがうことなく好きな相撲を楽しんだ、とのお話。「相撲をとる」ことは公卿貴族の通常の業《わざ》ではないとはいえ、中にはこうした変わり種《だね》もいたのです。

神仏に「見せる」相撲

相撲節《すまいのせち》のかたちが整えられると、皇族貴族たちの中には、それをまねて私邸で相撲観覧を催《もよお》す人々が出てきます。さらに平安後期には、京都周辺の神社仏寺の祭礼《さいれい》において、神や仏に捧《ささ》げられる芸能の一つとして、神楽《かぐら》や田楽《でんがく》などとともに、相撲が催されるようになります。相撲節のために上京してきた相撲人《すまいびと》は、しばらく京都に滞在して、いわば「神仏《しんぶつ》に見せる」ための相撲を務めるようになるのです。

　年ごとに都《みやこ》での務めを終えた相撲人たちは、ならい覚えた相撲のかたちを故郷に持ち帰り、本場の技芸《ぎげい》を地方に伝えます。やがて各地の祭礼でも、神仏に「見せる」ための相撲が催されるようになり、相撲人たちの新たな活躍の場が生まれます。神社仏寺の祭礼に集《つど》う人々も、神仏とともに、相撲など諸芸の楽しみに触れる機会を得るようになります。

　朝廷の相撲節は平安末期に絶《た》えてしまいますが、相撲人たちは各地に相撲のかたちを伝え、プロとして世を渡るようになるのです。

大名に「見せる」相撲

相撲節が絶えた後、鎌倉《かまくら》・室町幕府《むろまちばくふ》の将軍《しょうぐん》や大名《だいみょう》たちも、しばしば相撲人を召《め》し、相撲観覧に興《きょう》じています。中でもすぐれた技量《ぎりょう》を持つ相撲人は家臣《かしん》として召《め》し抱《かか》えられることがあり、安定した報酬《ほうしゅう》を得ることができました。

源頼朝《みなもとのよりとも》や織田信長《おだのぶなが》などの武将が相撲を好み、相撲人を集めて相撲観覧を楽しんだり、すぐれた相撲人を召し抱えたりしたことは、よく知られているところです。抱え置いたすぐれた相撲人の技芸を自ら楽しむばかりでなく、客を招いて誇《ほこ》らしげに見せることも、彼らの名誉心を満足させるものでした。

諸国の相撲人たちは、そうした機会を求めて京《きょう》に上り、室町時代の京は相撲の本場《ほんば》としてにぎわいます。そうした中から、やがて大《おお》相撲《ずもう》へと連《つら》なる興行《こうぎょう》が芽吹《めぶ》くのです。

やがて大相撲が盛んになると、江戸時代の大名たちは、その抱え力士《りきし》を大相撲の土俵《どひょう》に送り込むようになります。人気力士をバックアップしたり、有望な若者をスカウトして力士として育成したり、相撲を通じて自家《じか》の名を挙《あ》げようと張り合うことによって、大相撲のスポンサーとして重きをなしました。

人々に「見せる」相撲

ひみつその2

特定のスポンサーに頼るのではなく、多くの観客から入場料をとって相撲興行《こうぎょう》が行なわれるようになったのは、室町《むろまち》時代のことです。

まずは「勧進《かんじん》」といって、神社仏寺や道・橋の修造のために相撲を催《もよお》し観客から寄金《ききん》を募《つの》る方式が用いられました。相撲は売り物になるぞ、ということになると、相撲取《すもうとり》たち自身が収入を得るために、勧進に名を借りた相撲興行を催すようになります。こうして「相撲を見る」楽しみが、より多くの人々へと拡がってゆきました。

江戸時代の前半、町中《まちなか》での相撲興行は、観客の興奮を煽《あお》り治安《ちあん》を乱すとして、度々《たびたび》禁止されます。そこで関係者は、年寄仲間《としよりなかま》をつくって種々の改革に取り組みました。

相撲取と観客を分けて秩序を保つために土俵《どひょう》で競技場を区切ることも、このころに定着しました。「朝廷年中行事《ちょうていねんちゅうぎょうじ》の伝統を継承する格式《かくしき》ある相撲」を演出するために、虚実《きょじつ》取り交《ま》ぜて「相撲故実《こじつ》」と呼ばれる儀礼《ぎれい》作法が整えられるのも、このころからのことです。

こうした改革が功《こう》を奏《そう》して、江戸時代の半《なか》ばころには、営利のための相撲興行が定期的に許可されるようになります。日ごろは各地で独自に小規模な興行を打っている相撲集団が集まって、年四回（江戸で二回、京《きょう》・大坂で一回ずつ）の本場所《ほんばしょ》を開催する、「大相撲《おおずもう》」の基本的なしくみができあがります。このあたり、現代のプロレス団体が日ごろは独自に興行を打ち、ときに合併《がっぺい》興行を催す様子にも似ます。

本場所は八日から十日間程度。寺院境内《けいだい》などの広場を借りて、屋外に屋根つきの土俵を築《きず》いての興行ですから、悪天候では開催できません。「晴天十日《せいてんとおか》」の興行はしばしば中断をはさみ、ときには一ヶ月を超えることもありました。

こうした「大相撲」の成立は三百年ほど前のこと。「相撲の歴史」全体から見れば比較的最近の話ですが、ほかのプロスポーツとくらべれば格段に長い歴史を誇《ほこ》ります。

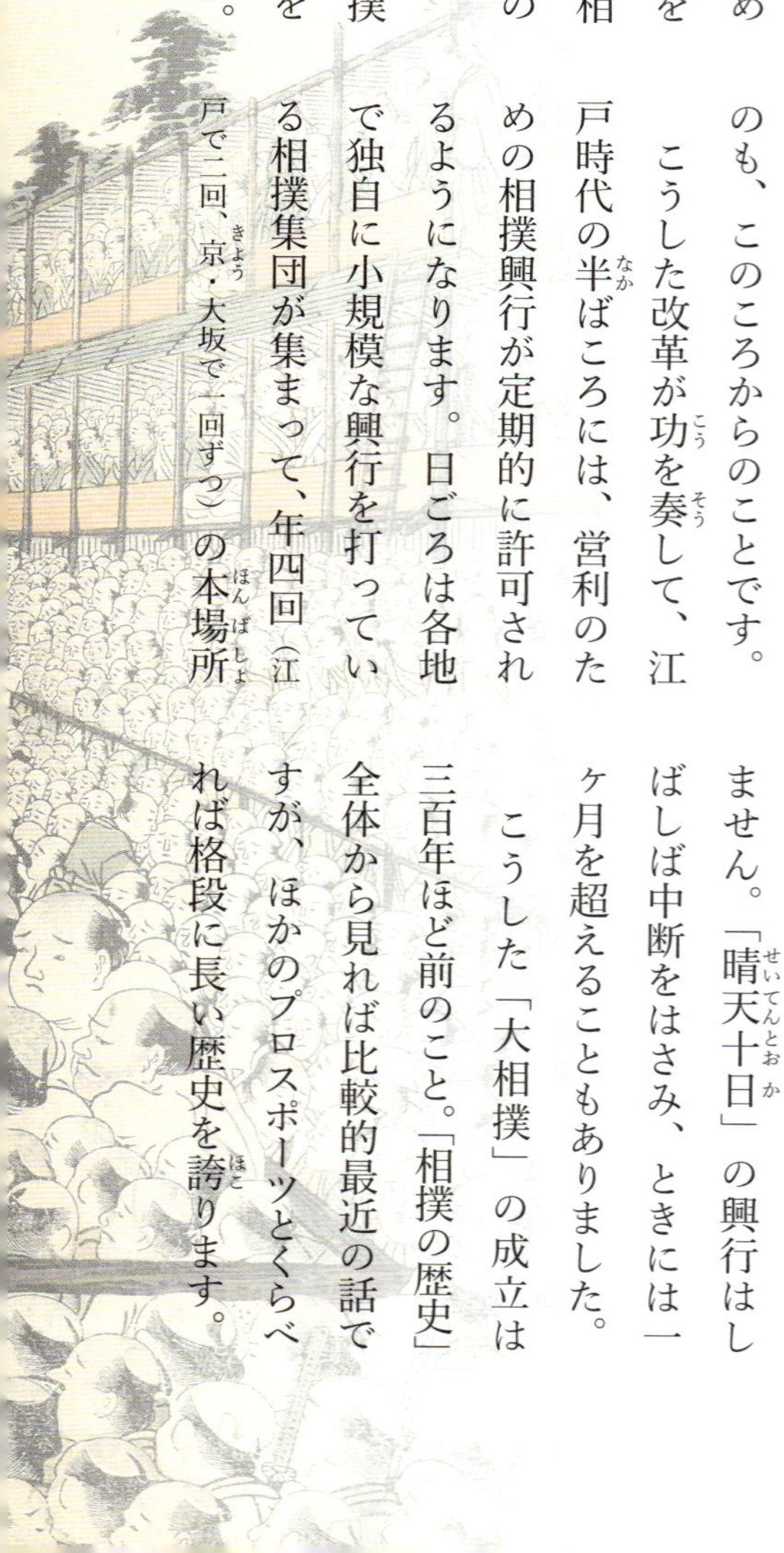

江戸の大相撲

相撲は歌舞伎《かぶき》・寄席《よせ》（落語《らくご》）と並ぶ江戸庶民の娯楽だった。
両 国回向院境内《りょうごくえこういんけいだい》で年2回行なわれた相撲興行に群衆は熱狂した。
取組は谷風《たにかぜ》[左]と小野川《おのがわ》[右]。18世紀末、寛政《かんせい》年間。
勝川 春 章《かつかわしゅんしょう》・画。

江戸の名物力士たち

江戸の勧進相撲興行《かんじんずもうこうぎょう》体制が整ってから幕末《ばくまつ》までの百年あまりの間に、数多くの力士《りきし》たちが土俵《どひょう》を彩《いろど》り、観客の目を楽しませました。

はじめて「横綱《よこづな》」を免許された谷風梶之助《たにかぜかじのすけ》と小野川喜三郎《おのがわきさぶろう》のライバル同士や、そのすぐ後に登場した雷電為右衛門《らいでんためえもん》のように、現代にいたるまでその強豪《きょうごう》ぶりを伝えられる力士たちあり、剣山《つるぎざん》谷右衛門《たにえもん》のように「古今《ここん》の名人」と讃《たた》えられた相撲巧者《ごうしゃ》あり。幕末の横綱不知火光右衛門《しらぬいこうえもん》が考案した「せり上がり」は、もともとシコと拍手《はくしゅ》だけだった横綱土俵《どひょう》入《い》りに見せ場をつくり、たいそうな評判を呼びました。

そうした人気力士たちの姿は、芝居役者《しばいやくしゃ》や市中《しちゅう》評判の美人などと並び、錦《にしき》絵《え》（多色刷の

雷電為右衛門

信濃国《しなののくに》（現・長野県）出身の大関。桁《けた》はずれの怪力をもって鳴らし、無敵ぶりが講談《こうだん》の題材とされて、虚実《きょじつ》こもごも多くの伝説を残す。**197**センチ、**170**キロと伝えられる。勝川春亭《かつかわしゅんてい》・画。

大童山文五郎

出羽国《でわのくに》（現・山形県）出身。数え**7**歳で土俵入り専門力士として番付に載る。当時**120**センチ、**71**キロと伝えられる怪童ぶりは、写楽《しゃらく》をはじめ多くの名だたる絵師に描かれた。長じて後あらためて力士として幕内にのぼった。東洲斎写楽《とうしゅうさいしゃらく》・画。

浮世絵《うきよえ》）の主要な題材として数多く描かれ版行《はんこう》されています。日ごろナマで相撲を見る機会には恵まれない人々も、そうした版画を通じて力士たちの風貌《ふうぼう》に接し、取組《とりくみ》の様子に思いをはせました。錦絵は、今でいうブロマイドやグラビアの役割を果したのです。

相撲の実力ではなく、少しちがったかたちで観客にアピールした個性派力士も少なくありませんでした。大空武左衛門《おおぞらぶざえもん》や生《いけ》月《づき》鯨太左衛門《げいたざえもん》のような長身巨体や、大童山文五郎《だいどうざんぶんごろう》のような幼年肥《ひ》躯《く》を珍《めずら》しがられて、土俵入りだけを専門に務めた力士たち、茶を嗜《たしな》みつつ六十歳まで飄々《ひょうひょう》と土俵を務めた八十島富五郎《やそしまとみごろう》など、今では考えられないような力士たちが人気を集め、錦絵にも描かれて今にその姿を伝えています。

大空武左衛門

肥後国《ひごのくに》（現・熊本県）出身。江戸への道中に立っている牛を跨《また》ぐほどの巨体で「牛跨《うしまたぎ》」という異名をとる。実際に相撲をとることはなかった。227センチ、131キロと伝えられる。渓斎英泉《けいさいえいせん》・画。

不知火光右衛門

肥後国（現・熊本県）出身、第11代横綱に数えられる。その土俵入りは華麗を極め、「白鶴《はくつる》の翼を張れるがごとし」と形容された。美男力士として人気も高かった。177センチ、120キロと伝えられる。歌川国貞《うたがわくにさだ》（2代）・画。

現代の大相撲

ひみつその2

昔の大相撲

土俵は二重で、内側の土俵を割ると負けとなった。土俵隅の四本柱と、その元に座る検査役が、しばしば観客の視線をさえぎった。江戸時代以来、江戸（東京）では年2場所、各10日間の開催だったが、大正年間以降、日数・場所数とも漸増《ぜんぞう》する。昭和2（1927）年1月場所（旧・国技館）

今の大相撲

四本柱は撤廃され、勝負審判は土俵下に。取組が格段に見やすくなった。年6場所、各15日間の熱戦はテレビでも中継され、多くのファンを楽しませている。平成20（2008）年3月場所（現・国技館）

現代の大相撲《おおずもう》は、江戸時代に成立した大相撲の系譜《けいふ》を、直接に伝えています。明治維新《めいじいしん》によって、大名《だいみょう》というスポンサーをうしなった大相撲は、後援者（タニマチ）に支えられながら、より多くの観客を安定して獲得することによって自らを維持する道を探ってきました。天候に左右されることなく本場所《ほんばしょ》を安定して開催するために、常設の国技館《こくぎかん》が建設されたこと。一場所の日数や場所数が次第《しだい》に増加したこと。ラジオやテレビの放送が始まり、現在では海外でも放送されるようになって、大相撲はますます多くの観客に「見せる」しくみを整えてきました。

そしてこの間に、観客が見やすいようにとの配慮から、土俵《どひょう》の屋根を支えていた四本柱《しほんばしら》を撤去したり、従来は土俵上に座っていた検査役《けんさやく》（勝負審判）の親方衆《おやかたしゅう》を下におろしたり、中継放送の時間に合わせるために仕切《しき》り制限時間を設《もう》けたり、勝負判定に対する疑念に応えてビデオ判定を導入するなど、大相撲は観客のために、ときに意外なほどの柔軟性を発揮《はっき》してきました。

一方で、日本社会全体が西洋化へ傾《かたむ》いたときに、それに安易に追随《ついずい》することなく、江戸時代にさかのぼる古い姿を、今なお色濃く残してもいます。なかには由来《ゆらい》の怪《あや》しい「伝統」もあるとはいえ、多くの観客がそれを「相撲」として求めているからこそ、大相撲は伝統と革新の微妙なバランスをとりつつ、人々の娯楽《ごらく》としての地位を維持しているのです。

「国技」としての相撲

相撲を「日本の国技《こくぎ》」とする呼び方が定着したのは明治《めいじ》末年のことです。東京・両国《りょうごく》に常設の相撲場《すもうじょう》が完成した際、とある作家が草《そう》した開館披露《ひろう》文の「そもそも相撲は日本の国技にして」という一節に着目したある年寄《としより》が、館名として「国技館《こくぎかん》」を提案した、と伝えられます。そこから、相撲を「国技」と呼ぶことが世の中に広まったのです。

「相撲が国技である」ことは、制度的な根拠があるわけではなく、そう呼びならわされている、ということによります。歴史に根ざし「日本」に密着して発展してきた相撲には、ふさわしい呼び名だと思いますが、いかがでしょうか。

旧・国技館

明治42(1909)年、東京・両国の回向院境内《えこういんけいだい》に完成。丸屋根は「東洋一の大鉄傘《だいてっさん》」と呼ばれ、東京の新名所になった。現・国技館よりも多い1万3千人を収容できた。

現・国技館

昭和60(1985)年より現在まで使用。1月、5月、9月場所を開催。館内には吊り屋根や電光掲示板が採用されている。1万1千人収容。

ひみつ
その
3

「わざ」が決まるまでが相撲！

大相撲《おおずもう》にはさまざまな見どころがありますが、「相撲を見る」ことの勘《かん》どころは、なんといっても取組《とりくみ》そのものにあります。

現代の大相撲では、相手より先に「土俵外の地面に体の一部がつく」か「足の裏以外の体の一部が地面に触れる」かすると、負けになります。このほかに、「禁《きん》じ手《て》」と呼ばれる反則技を使うと負けになるとか、「前縦褌《まえたてみつ》（マワシの前部、股間《こかん》を包んだ部分）が外《はず》れたら負け」とか「かばい手」「送り足」のようなちょっと複雑な規則もありますが、基本ルールは単純明快です。

しかし基本的なしくみが単純だからこそ、そこで使える技術は幅広く、そこから広がる世界は数々の「ひみつ」に満ちています。相撲の「わざ」の「ひみつ」がわかれば、土俵上の取組がわかるし、展開が読める。相撲を見るのも（相撲をとるのも？）楽しくなるにちがいありません。

「相撲のわざ」といっても、「寄《よ》り切《き》り」とか「つり出し」とか「上手《うわて》投《な》げ」のように誰でも名前くらいは知っているものから、古い文献に出てくる「鴫《しぎ》の羽返《はねがえ》し」だの「獅《し》子《し》の谷覗《たにのぞ》き」などといった、なんだかよくわからないものにいたるまで、決まり手をいちいち覚えておく必要などありません。

「決まり手」は「勝負の決まったかたち」を便宜《べんぎ》的に分類したものにすぎませんから、それよりも、勝負が決まるまでに、二人の力士《りきし》の間でどのような力がやりとりされているのか、その勘どころを押さえることが肝心《かんじん》です。

ひみつその3

土俵ができた

相撲のはじまりから江戸時代の中ごろまで、およそ千年の間、相撲は「相手を倒す」ことによって勝負をつける競技でした。取り囲む観客の見守る中、組み合ったかたちから、相手の身体をねじったり足をかけたりすることによって相手を倒そうとしていたのです。

俗《ぞく》に「相撲《すもう》四《し》十《じゅう》八手《はって》」というのは、相撲のわざが数多いことの表現ですが、昔はこれに「投《な》げ」「捻《ひね》り」「反《そ》り」「掛《か》け」それぞれ十二手ずつをあてはめていました。組み合った体勢から、いかにして相手を倒すかが、相撲の「わざ」だったのです。

ところが、江戸時代中ごろ（元禄《げんろく》時代あたり）のこと、力士《りきし》を観客から分離し、かつ取組《とりくみ》を見やすくするために、土を盛《も》った上で相撲をとるようになったことによって、相撲の「わざ」をめぐる事情が変わります。

つまり競技場としての「土俵《どひょう》」がつくられ、「ここから出たら負け」という境界線ができたために、相手を倒さなくとも、土俵から出せば勝ちになる。そこで「押し出し」「寄《よ》り切《き》り」といった「勝ち方」が生まれ、そのための「わざ」が生まれることになるのです。

また、負けないためには「押されないこと」が重要になり、防御《ぼうぎょ》のための「わざ」が工夫されることになり、やがてそうした「押そう」「押されまい」とする力と「わざ」のやりとりが、相撲の主流になってゆきます。

土俵ができる前

飛び入り参加自由の相撲を民衆が取り囲んでいる。土俵はまだない。江戸時代のはじめ、大坂の住吉大社境内《すみよしたいしゃけいだい》での風景。

1つひとつの俵

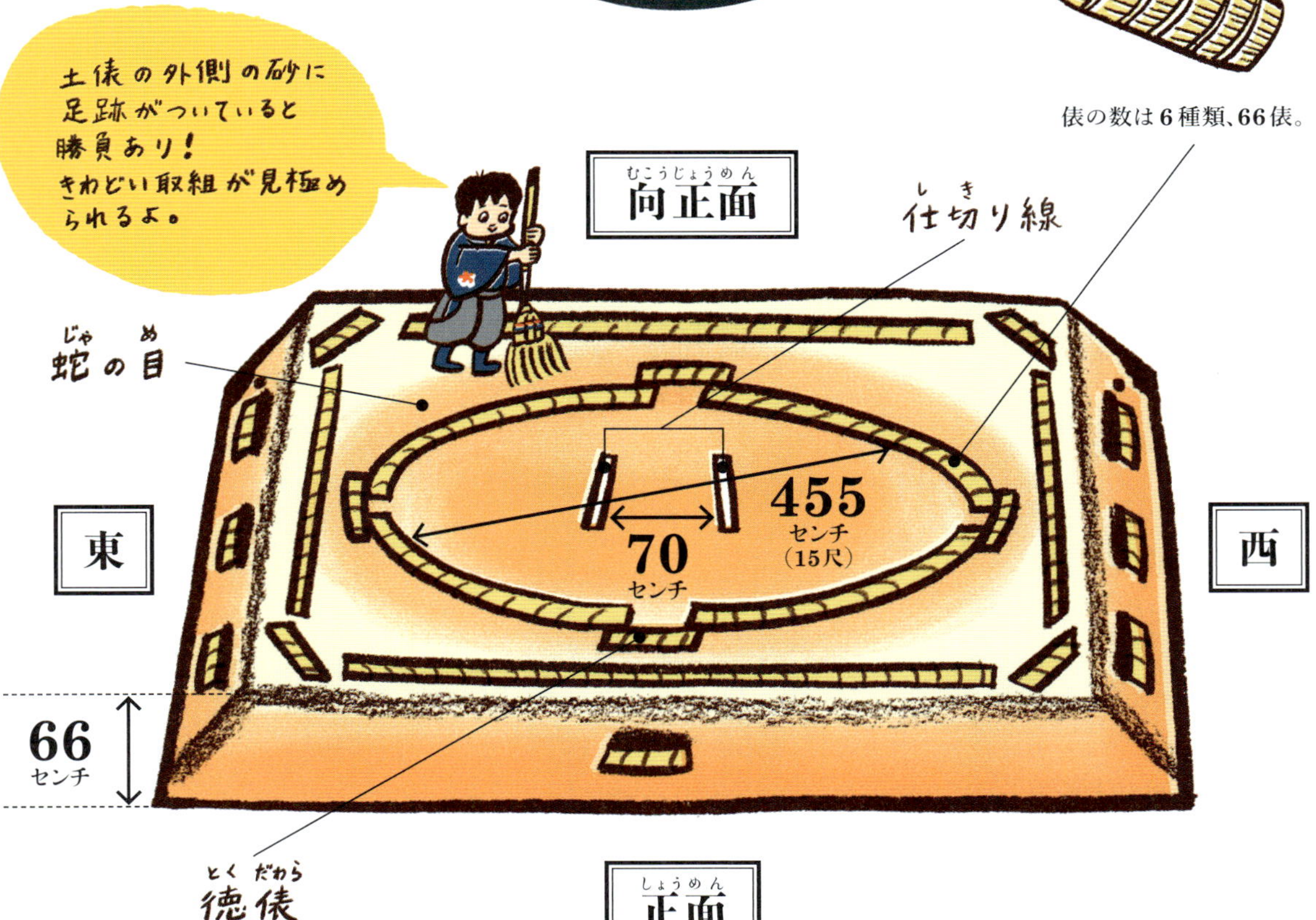
土俵の外側の砂に
足跡がついていると
勝負あり!
きわどい取組が見極められるよ。
向正面《むこうじょうめん》
仕《し》切《き》り線
俵の数は6種類、66俵。
蛇《じゃ》の目《め》
東
西
455
センチ
(15尺)
70
センチ
66
センチ
正面《しょうめん》

徳《とく》俵《だわら》

土俵の四方に俵1つ分だけ外にはみ出している俵。土俵際《ぎわ》の力士はこの分だけ「得」をする。屋外興行のときに土俵にたまった雨水をここからはき出していた。

土俵の全体

ひみつその3

仕切りと立合い

土俵《どひょう》がなく、「倒す」ことで勝負が決した時代、最初のかまえは、現在のプロレスに似ていました。相手との間合《まあ》いをはかり、隙《すき》をうかがって自分の有利な組手《くみて》に持ち込もうとする駆《か》け引きから、競技が開始されていたのです。

ところが、土俵ができて「出せば勝ち」となると、相手を一気に土俵外に出してしまおうとする発想が生まれます。そこから、身体を前に傾《かたむ》けて自分の体重を相手にぶつける「当《あ》たり」と呼ばれる「わざ」が生まれ、一気に押されないために踏《ふ》ん張ることから、姿勢を低くし両ひざを開いた（腰《こし》を割《わ》った）かまえが重要になります。

競技開始直後の主導権争《しゅどうけんあらそ》いが重要になり、たがいに呼吸をうかがう「仕切《しき》り」が生まれることになりました。低い姿勢でかまえたところから、呼吸を合わせて取組《とりくみ》を開始する、緊張感あふれる「立合《たちあ》い」が生まれたわけです。

土俵ができ「立合い」が生まれても、すぐに現代のような激しい当たり合いが当たり前になったわけではありません。現代では、土俵の中央部に七十センチ間隔《かんかく》で二本の仕切り線が描かれていますが、実はこの仕切り線が設定されたのは昭和三（一九二八）年のことで、それまでは、中央で頭をつけ合って呼吸をうかがい合う仕切りなどがまま見られたものです（62頁、上の写真）。間隔をおいたところから加速をつけて思いきり当たり合うのが当然になったのは、案外最近のことなのです。

現代の相撲では、立合いの当たりが重要な意味を持ち、相手の当たりを受けとめるにも、体重を前に強くかけることが必要です。そのため、身体のバランスが最もくずれやすい瞬間でもあるのです。当たり合うまでのわずかな時間、自分のバランスを保ちつつ、相手のバランスの破綻《はたん》をついて主導権を握《にぎ》るために、種々の技巧《ぎこう》が用いられます。

立合いの主導権争い

立合いの瞬間

両者頭を下げ、体重を乗せて
当たり合おうとする瞬間。

カチ上げ

頭を下げて当たってくる相手［右］に対し、
右手を曲げてひじから前腕で
はね上げようとする［左］。

左上手をねらう

立合い、身体軸を左にずらすことによって、
左上手《ひだりうわて》（※）をとり右四《みぎよ》つに組む
体勢をねらう［右］。

※自分の左手で相手の右手の外側からマワシをとること。「右四つ」ふくめ、詳しくは82頁。

ひみつその3

相撲のルール

相撲のルールは簡単です。身につけた「マワシ」以外の道具を使わず、相手を倒すか土俵《どひょう》の外に出すかすれば勝ち。

「反則《はんそく》負け」になる行為として明記されているのは、①頭髪《とうはつ》を故意《こい》につかんで引くこと、②目またはみぞおちを突《つ》くこと、③両耳を同時に張《は》ること、④喉《のど》をつかむこと、⑤指一本または二本を逆に折り返すこと、⑥胸または腹を蹴《け》ること、⑦握《にぎ》りこぶしで殴《なぐ》ること、⑧前縦褌《まえたてみつ》（マワシの前部、股間《こかん》を包んだ部分）をつかむこと、の八つです。

これ以外の「わざ」は、何をやってもルール上は「反則」になることはありません。相手の足を蹴るローキックや、プロレスの「ラリアット」など、ほかの格闘技で用いられている「わざ」の多くも、反則にはなりません。もっとも、ルールには明記されていなくとも、「嚙《か》みつく」とか「引っかく」などの乱暴な「わざ」（?）を使ったら、行司《ぎょうじ》や審判員の親方《おやかた》からきついお叱《しか》りを受けそうですが。

実は、相撲のルールが明文化《めいぶんか》されたのは、昭和三十年代（一九五五年以降）のことです。それまでは、反則技などが明確に定められることなく、相撲という競技がどういうものであるのかを力士《りきし》も観客もわかっている、ということを前提として、相撲は行なわれていました。「相撲らしい相撲」のイメージが共有され、土俵上でやってよいことといけないこと、力士がやるであろうこととやらないであろうこととが、なんとなく分別《ぶんべつ》されてきたのです。

そのため相撲では、ふつうの相撲技と反則技との間に、「やっていけないわけではないけれども褒《ほ》めてはもらえないわざ」とか「誰もやるはずのないわざ」などといった領域があり、人々の期待を裏切ってそれで勝っても、「あんなものは相撲ではない」とけなされてしまうことがあるのです。

「ブラック」な手

髪をつかんで引く。
「禁じ手」で反則負けになる。

「ダークグレー」な手

ラリアット。「禁じ手」ではないが、
「あんなものは相撲ではない」と
非難されること請《う》け合い。

「ライトグレー」な手

立合いの変化《へんか》。ぶつかってくる相手を見て、
横に身体をかわす。「禁じ手」ではないし
「相撲の手」ではあるけれど、
あまり褒《ほ》めてはもらえない。

「ホワイト」な手

押し出し。誰からも文句の出ない、
いかにも「相撲の手」。

忘れられない取組 1

貴ノ花－大鵬

昭和四十六（一九七一）年 五月場所五日目

　長い観戦歴を持つファンであれば、誰しもそれぞれの「忘れられない取組《とりくみ》」を記憶にとどめているにちがいありません。私の四十数年にわたる観戦歴から、いくつか紹介します。

　私が相撲を見始めたころ、土俵《どひょう》に君臨《くんりん》していたのは横綱大鵬《よこづなたいほう》でした。いつか大鵬に弟子《でし》入りすることを夢見て声援を送ったものです。しかし時が経《た》つにつれ大横綱も傷つき衰《おとろ》えが兆《きざ》し、若手の追い上げにしばしば苦戦する姿を見せるようになります。

　次代《じだい》の担《にな》い手として多くのファンの期待を集めたのが、痩身《そうしん》ながら足腰《あしこし》よく粘《ねば》り強い貴《たか》ノ花《はな》。二人の対戦は、世代交代の予感を伴《ともな》って世間の注目を集めました。

　この一番、左を差《さ》して大鵬の右腰に食いつき攻《せ》める貴ノ花、若手の攻勢に土俵につまりながら、なお逆転をねらい右から、ついで左から突き落としをみせる大鵬。両者の身体がパッと離れ、弾《はじ》け飛んだ貴ノ花よりも一瞬早く、横綱は腰から土俵にくずれ落ちたのです。翌日に引退《いんたい》を表明した大鵬の、これが現役《げんえき》最後の一番となりました。

忘れられない取組 2

北の湖―輪島

昭和五十三（一九七八）年 七月場所十四日目

大鵬《たいほう》の引退《いんたい》とちょうど入れ替わるように上位に進出してきたのが、学生横綱《よこづな》からプロ入りしスピード出世《しゅっせ》で横綱にまでかけ上がった輪島《わじま》、やや遅れて「たたき上げ」の北《きた》の湖《うみ》が追い上げて、世に「輪湖《りんこ》時代」と呼ばれたライバル関係を形づくりました。

左下手《ひだりしたて》を引く輪島に対し、右《みぎ》上手《うわて》を引いて力を発揮《はっき》する北の湖。得意のマワシを引き合って、差《さ》そうとする北の湖の左を絞《しぼ》り上げようとする輪島の右との攻防《こうぼう》が、毎場所のように優勝をかけて繰り返されました。はじめは年長の輪島優位のうちに推移したこの対戦、やがて北の湖が追いつき追い越そうとするころに、輪島が必死の抵抗を試みたのが、全勝同士のこの一番です。

例によって左四《ひだりよ》つ、じっくりかまえて相手の疲れを待つ北の湖、右から絞り切れずやがて根負《こんま》けして上手を引いた輪島、ここぞと左を深く差して寄り立てる北の湖、一瞬、輪島の顔に諦《あきら》めにも似た表情が浮かび、くずれるように土俵《どひょう》を割りました。

北の湖はこの場所全勝で四連覇（翌場所も制し五連覇）、「輪湖時代」から「北の湖時代」へ移ったことを、誰の目にも明らかに示した一番でした。

相撲の基本は三つのかたち

ひみつその3

「わざ」が決まるまでが相撲！

相撲の取組《とりくみ》を見て楽しむためには、わざの理解に近づくことが肝心《かんじん》です。そのために必要なのは、相撲をとる側の視点に寄り添《そ》って、わざの展開のイメージをつかむことです。

相撲をとる際には、相手の身体のバランスをいかにくずすかが、戦術の基本になります。相撲は身体のバランスをくずし合うゲームなのです。

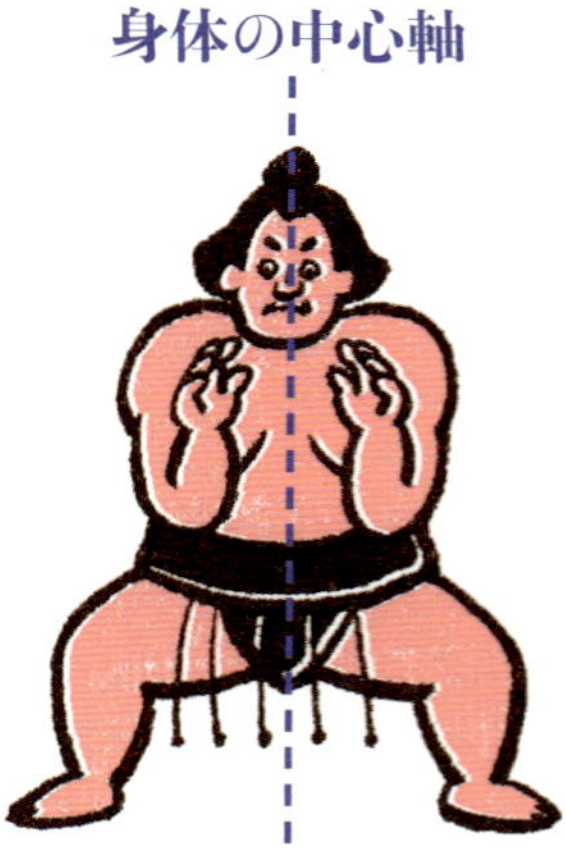

基本のかまえ

頭のてっぺんからまっすぐ腰にいたる軸がぐらつかない。重心が低く安定した下半身の上に、力を伝える上半身が乗っかる。

相手を自分の正面《しょうめん》にとらえて効率よく力を伝えることによって、相手の動きをコントロールし、出す、倒すという「勝ち方」「決まり方」つまり「決まり手」につなげる。逆に、自分の身体のバランスを安定させること、そのために相手の力をまともに受けないことも、重要になります。

「身体のバランス」は、なによりもまず、身体の中心軸《ちゅうしんじく》が安定していることによって保たれます。上の図を見てください。身体軸がまっすぐ通って腰《こし》の上に乗っています。両ひざを左右に開いて腰の位置を低くし、両ひじを身体の側面あるいは少し前において、顎《あご》を引き上体《じょうたい》を少し前傾《ぜんけい》させた姿勢が、一番安定したかまえになります。

こうして上半身と下半身が連動しながらも、たがいに他方の動きを制約しない、柔軟《じゅうなん》で安定した体勢をつくります。上半身を支えて身体全体の向きとポジションをコントロールするのが下半身の役割（左図のキャタピラ）、下半身の上に乗っかって相手に力を伝えるのが上半身の役割（下図のショベル）になります。両足は常に地面から離れず「すり足」で動き、両手は間合《まあ》いにあわせて自由自在に相手をとらえよう、というわけです。

こうした「基本のかまえ」は、相手との間合いによって、①「押《お》し」②「突《つ》き」③「寄《よ》り」の三つの「基本のかたち」へと展開されます。いずれの間合いにせよ、激しい動きの中でいかにして自分の間合いとバランスを保ち、逆に相手の間合いを壊しバランスをくずすかが、攻防《こうぼう》の中心的なテーマです。

相手のバランスをくずすにはさまざまな方法がありますが、そのためには（A）相手の身体軸を上向きにくずす、(B)相手の身体を横向きにする、(C)相手の身体軸を下向きにくずす、の三つが基本になります。間合いとくずし方の組み合わせによって、そこからさまざまな「決まり手」へと展開してゆくことになります。

基本のかたち その1

押し

基本形

モノを扱《あつか》うとき、一番扱いやすいのは、
少し距離をおいて、目の前、正面《しょうめん》にとらえた状態です。
子猫ならこうして捕《つか》まえてしまえばなすがまま。
人間相手でもこの間《ま》合《あ》いで捕まえて攻《せ》めるのが
一番確実。これが「押し」の間合いです。

「腰《こし》を割《わ》った」姿勢を保ち、上体《じょうたい》を少し前傾《ぜんけい》させて身体の前にスペースをつくり、
ひじを身体の前におきます。前マワシを引いていても、
この**間合い**を保っていれば「押し」のかたちになります。

この間合いでは、
相手を少し持ち上げながら
足を前に運ぶ「押し」が基本的な
「わざ」になります。

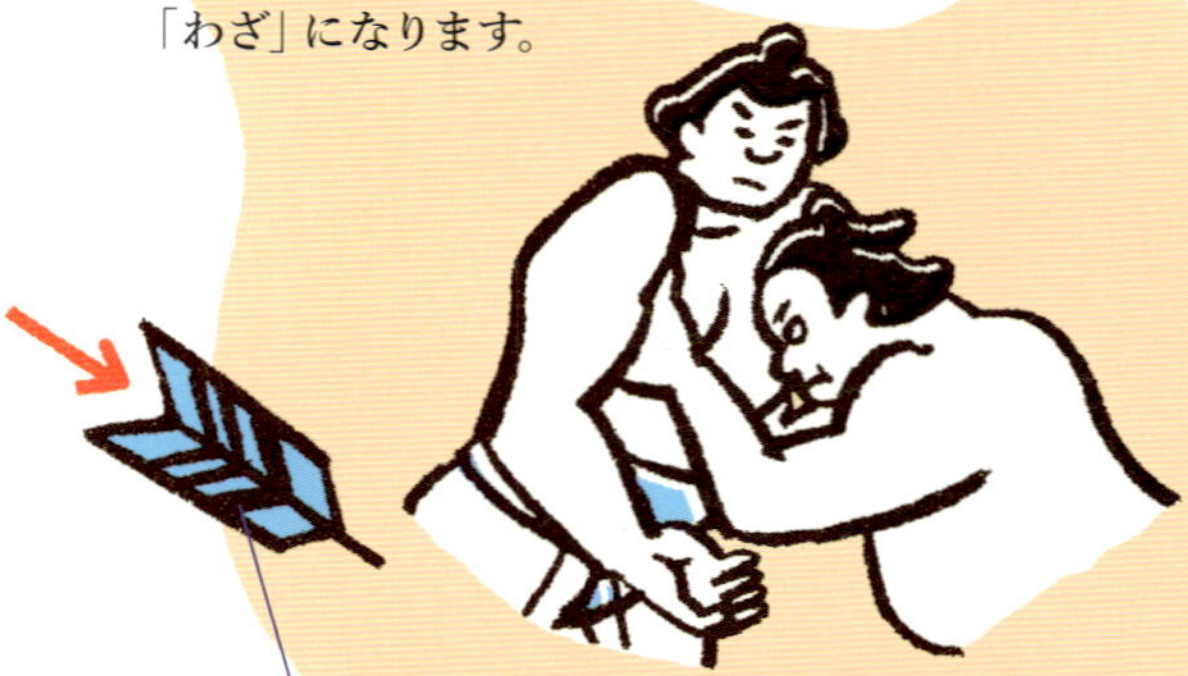

はず押し

手を矢の「筈《はず》」のかたちにして相手の脇《わき》の下に入れ、
はさみつけるように押し上げます。

おっつけ

相手のひじのあたりをとらえて肩《かた》の方向へ向けて、
自分の前腕に乗せるようにして押し上げます。

くずし方

上にくずす

押し上げて相手の上体を起こしてしまえば一気に押し込める。

横にくずす

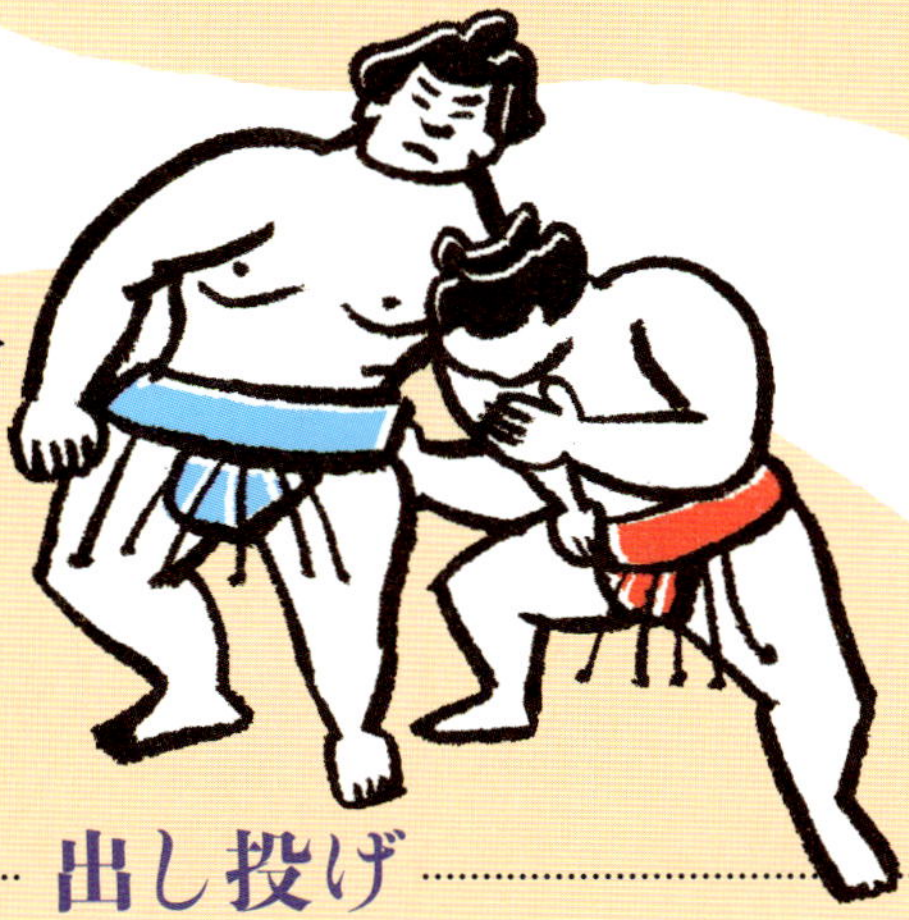

横から押したり、相手の前マワシを引いて**出し投げ**をうったりして、横向きにしてしまえば、相手のかまえをくずせる。

下にくずす

相手の頭が下がれば、ひねりながらその方向に力をくわえ**突き落とし**たりして、身体軸をくずす。

ここからの決まり手｜押し出し、送り出し、突き落とし、引き落とし、上手《うわて》出し投げ、肩透《かたす》かしなど

突き

基本形

「押し」の間合《まあ》いよりも
離れた状態では、
「突き」が基本的な
「わざ」になります。

相手の動きに対応して前後左右に動きやすいよう、
腰《こし》を比較的高く保った「立《た》ち腰《ごし》」の状態で、
掌《てのひら》で相手の肩《かた》から胸を突きます。

突き押し

両手で突き放してはすぐに頭から当たって
「押し」の間合いに入り、勢いを利《き》かせてまた突き放す。
これを繰り返す「突き」と「押し」の中間形。

自分の体重を相手に繰り返しぶつけるために
前傾《ぜんけい》が深くなり、間合いが激しく変化します。
安定性はいくぶんか犠牲《ぎせい》になる、
スピード重視の激しい攻《せ》め。

くずし方

上にくずす

突き起こし ……て相手をのけぞらて一気に攻め込む。

横にくずす

相手の突きを横から払うようにして力の向きを逸《そ》らすのが……

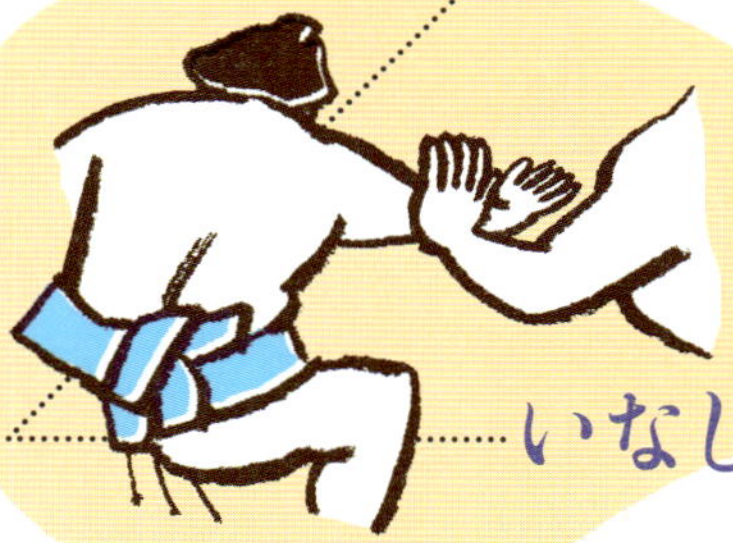

いなし

反対の手で手繰《たぐ》って横を向かせるのが……

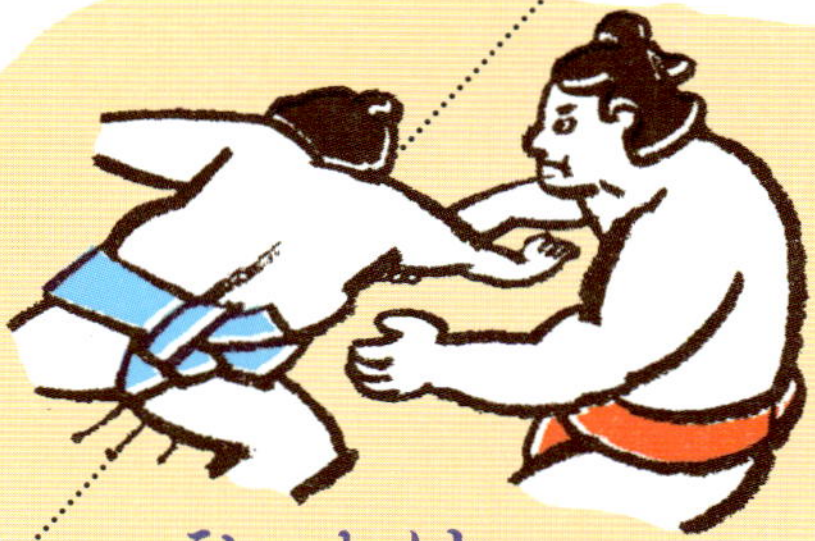

ひっかけ 相手を横や後ろからとらえて攻めます。

下にくずす

「突き」を嫌《きら》った相手が頭を下げようとした瞬間には、「引き」や……

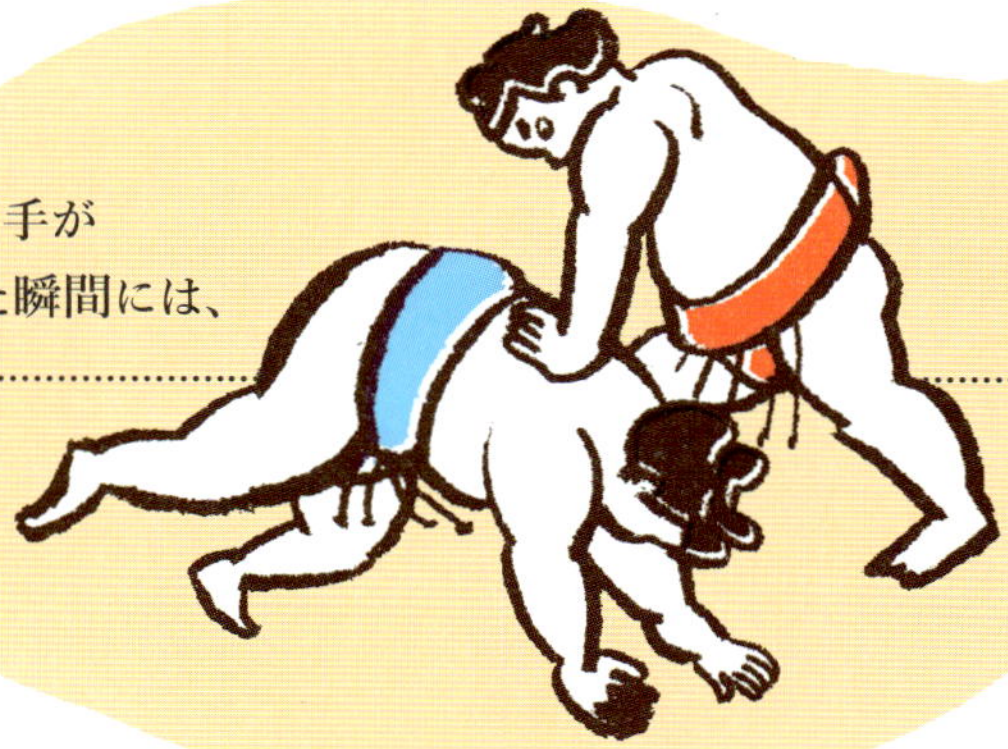

はたきが有効になります。

ここからの決まり手｜突き出し、突き倒し、押し出し、押し倒し、送り出し、はたき込み、引き落としなど

寄り

基本形

リーチの中に相手の身体が位置し
組み合った「四《よ》つ相撲《ずもう》」のかたちでは
相手をつかまえて運ぶ「寄り」が
基本的な「わざ」になります。

四つ相撲（右四つ）

自分の右（左）腕が相手の左（右）腕の内側に入ることを
「右（左）を差《さ》す」といい、差した腕を**差し手**と呼びます。
たがいに右を差し合った状態が「右四つ」、

たがいに左を差し合うと

左四つ

両方を差した状態が……

もろ差し

です。相手にもろ差しを
許した体勢を「外四《そとよ》つ」と
呼ぶこともあります。

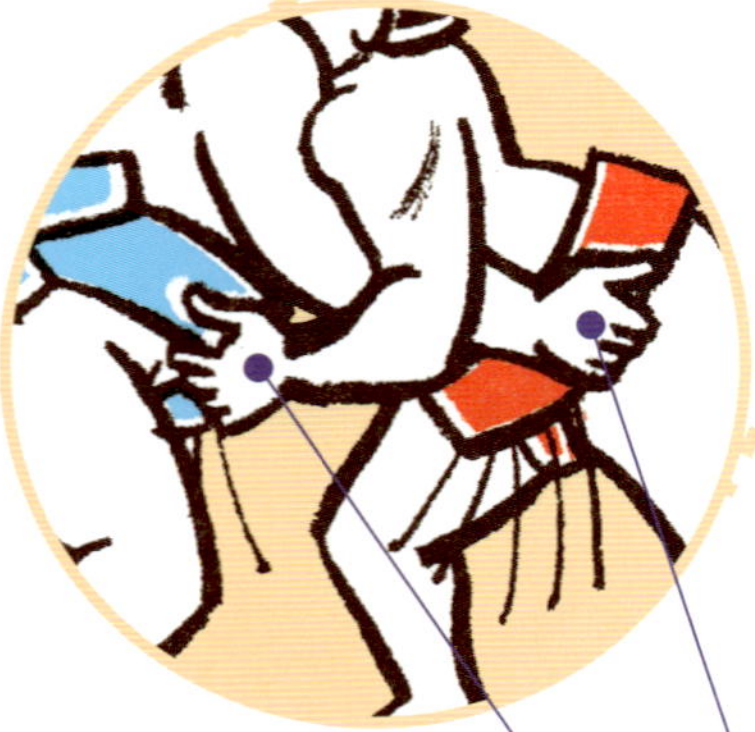

差された側の手で
マワシを取れば **上手《うわて》**

差した側の手で
マワシをとれば **下手《したて》**
です。

くずし方

身体が密着していると「下へくずす」かたちにはなりにくく、
「上にくずす」か「横にくずす」かになります。

上にくずす

密着した相手を
「上にくずす」には、
差し手を抱え込んで

絞《しぼ》り上げる

差した側の
ひじを上げて

差し手を返し「お手上げ」状態にするなど。

マワシを十分に引きつけて
相手を浮き上がらせる。
根こそぎ抱え上げてしまえば

つりへと展開します。

横にくずす

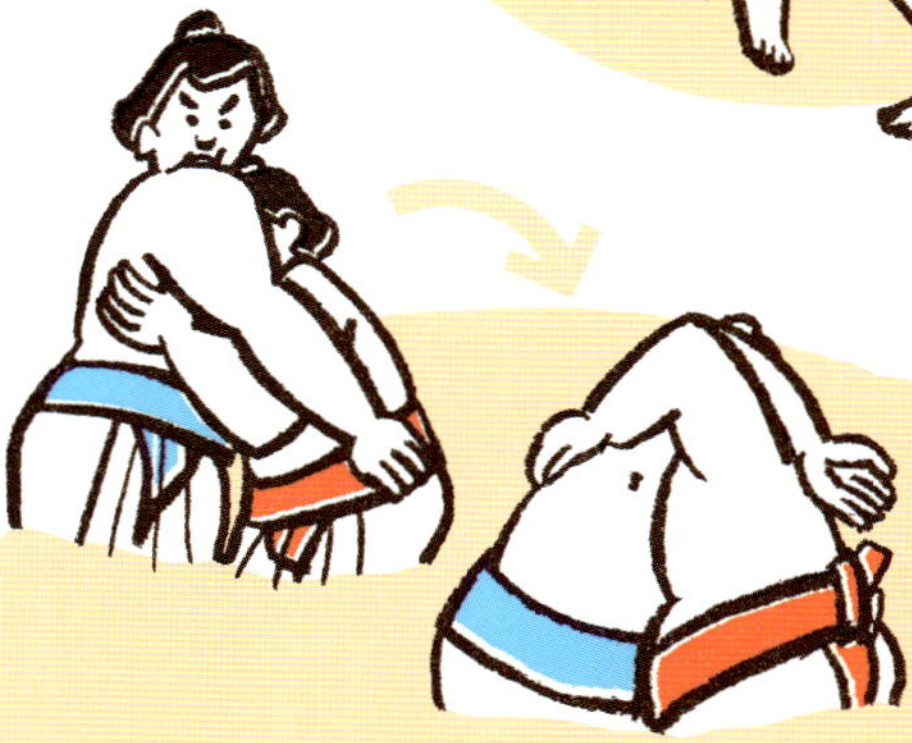

マワシを切って

相手の手をあそばせてしまえば、
相手の身体の向きを変えて
横からコントロールしやすくなります。

上手を引きつけて

相手の腰骨《こしぼね》を回してしまえば、
横向きになった相手に対し投げわざや
捻《ひね》りわざなどが有効。

ここからの決まり手 | **寄り切り、寄り倒し、つり出し、上手投げ、上手出し投げ、下手捻り**など

実際の取組を見てみよう

基本のかたち・応用編

基本の「わざ」を見てきたところで、実際の一番の相撲にそって、間合《まあ》いが目まぐるしく切り替わり、いろいろな「わざ」が応酬《おうしゅう》される様子を見てみましょう。昭和三十年（一九五五）年五月場所千秋楽《せんしゅうらく》、すでに優勝を決めている横綱栃錦《よこづなとちにしき》に挑《いど》む巨漢大関大内山《きょかんおおぜきおおうちやま》の対戦です。

「突き」の間合いでは大内山のリーチがまさり、まともに四《よ》つに組み合っても身長差がものをいう。栃錦としては「押し」の間合いで攻《せ》めきるか、飛び込んで相手の身体軸《しんたいじく》をくずしたいところ。名物行司《ぎょうじ》「ヒゲの伊之助《いのすけ》」の軍配《ぐんばい》が返り、さあ立合《たちあ》いです。

栃錦《とちにしき》―大内山《おおうちやま》の取組

1

飛び込んで**「押し」**の間合いをつくろうとする栃錦（右）を、大内山（左）が突き放し、容易に間合いを詰めさせません。

2

「突き」の間合いで攻めたて突き起こそうとする大内山、下からはね上げ、右から**いなし**て間合いを詰めようとする栃錦。

3

大内山のリーチの内側に飛び込んだ栃錦、**差そう**とする大内山の右を**おっつけ**て**「押し」**の間合いをつくろうとしますが、

4

大内山に抱え込まれて**「寄り」**の間合いに。栃錦の**左差し手を抱え込んだ**大内山に対し栃錦は左内掛《うちが》けで牽制《けんせい》して、

「わざ」が決まるまでが相撲！

5

もろ差し。しかし両側から**抱え込まれ**て頭が上がります。

6

抱え込まれては体格的に不利な栃錦は左足を飛ばして二枚蹴《げ》り、さらに、

7

右をふりほどいて間合いをつくり、**左下手**から**出し投げ**をうって、大内山を横向きにしようと試みますが、

8

大内山は左足を送って残し､向き直ります。

9

ここで両者の身体が離れ、再び**「突き」**の間合いに。大内山が猛然と**突き立て**ます。

10

大内山の左突きを栃錦が右手で下からあてがい、**はず押し**のかたちで間合いを詰め、

11

「押し」の間合いに入って前へ出ようとします。このまま**押し上げ**るかたちになれば栃錦の相撲になりますが、

12

大内山はこらえつつ、栃錦の左ひじを巻き上げ､**「押し」**のかたちをくずします。

13

「押し」の間合いが壊れ、再び両者の身体が接近した**「寄り」**の間合いに。大内山の**右差し手が返り**、栃錦の頭が上がる。

14

ここで栃錦は横向きになりながら大内山の首に左手を巻き、左腰をぶつけるように一《いち》か八《ばち》かの首投げ！

15

これが相手の腰を下からはね上げるかたちになり、

16

大内山の巨体を巻き込んで鮮やかに横転させました。絶体絶命の体勢から大逆転の一番でした。

でかいやつにはかなわない？

ひみつその3

力士《りきし》といえば巨漢肥軀《きょかんひく》のイメージが強いですね。力のやりとりをする競技ですから、身体が小さく力が弱いよりは、身体が大きく力が強いほうが有利、というのは当然です。その点は、レスリング、柔道そのほか何でも同じことですが、大相撲《おおずもう》には「体重別」制度がなく、大きい力士と小さい力士とが同じ条件で対戦しますから、なおさらです。

相撲の場合、土俵《どひょう》ができたことによって「押し」が基本的な「わざ」になり、仕切《しき》り線ができたことによって立合《たちあ》いの当たりが勝敗を左右する重要な要素になりました。こうした改革によって、体重を乗せてぶちかますのが相撲、「大きくて強いやつ」が強い、という構図が、いっそう明確になったのです。

自分の重さ強さをコントロールして相手に伝える術《すべ》を知っていれば、大きさ重さは強力な武器です。だから、ある程度の技術を持った力士が「もう少し強くなる」ために一番簡単なのは、「大きくなること」なの

力士の身体はどれだけでかいか

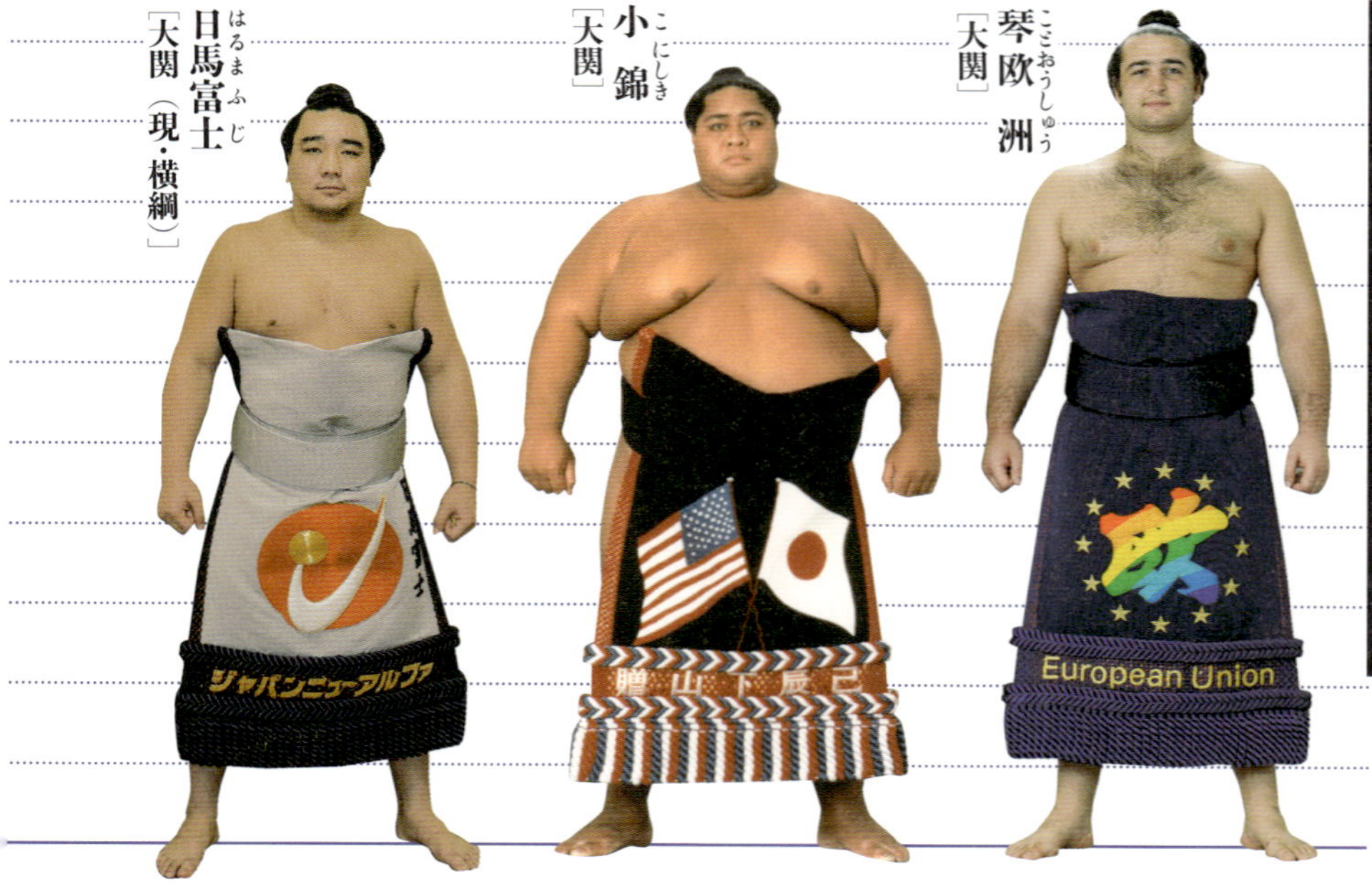

琴欧洲《ことおうしゅう》［大関］ 203センチ／155キロ

小錦《こにしき》［大関］ 187センチ／285キロ

日馬富士《はるまふじ》［大関（現・横綱）］ 185センチ／129キロ

「わざ」が決まるまでが相撲！

です。

　体重別制のない大相撲では、小さい力士が大きい力士を倒すのが魅力《みりょく》だ、という声もしばしば聞きます。しかし実際には小さい力士が強いことはまれであり、「小さくて強い」といわれた千代《ちよ》の富士《ふじ》でも体重百二十キロ以上、柔道やボクシングなら最重量級、レスリングだと体重超過《ちょうか》で試合に出られません。他競技の中量級クラスの体格（体重七〇キロから八〇キロ程度）では、幕内《まくのうち》に上がることなどほとんど覚束《おぼつか》ないのです。

　大相撲は、体重別制がないというよりは、事実上、最重量級だけの競技なのであり、小さい力士が小さいなりに頑張れるような条件を用意してやろう、などという配慮《はいりょ》は、いっさい払われていないのです。

　なぜかといえば、「弱いやつには用はない」からです。多様なプレイヤーに門戸《もんこ》を開くのではなく、最高水準の相撲を観客に提供するために、「悔《くや》しかったら強くなれ」「大きく強くなれない者は去れ」というのが、大相撲の基本的な考え方なのです。もちろん、それに逆《さか》らって工夫を重ねる異端《いたん》の存在が、大相撲をより面白くしてくれるのですが。

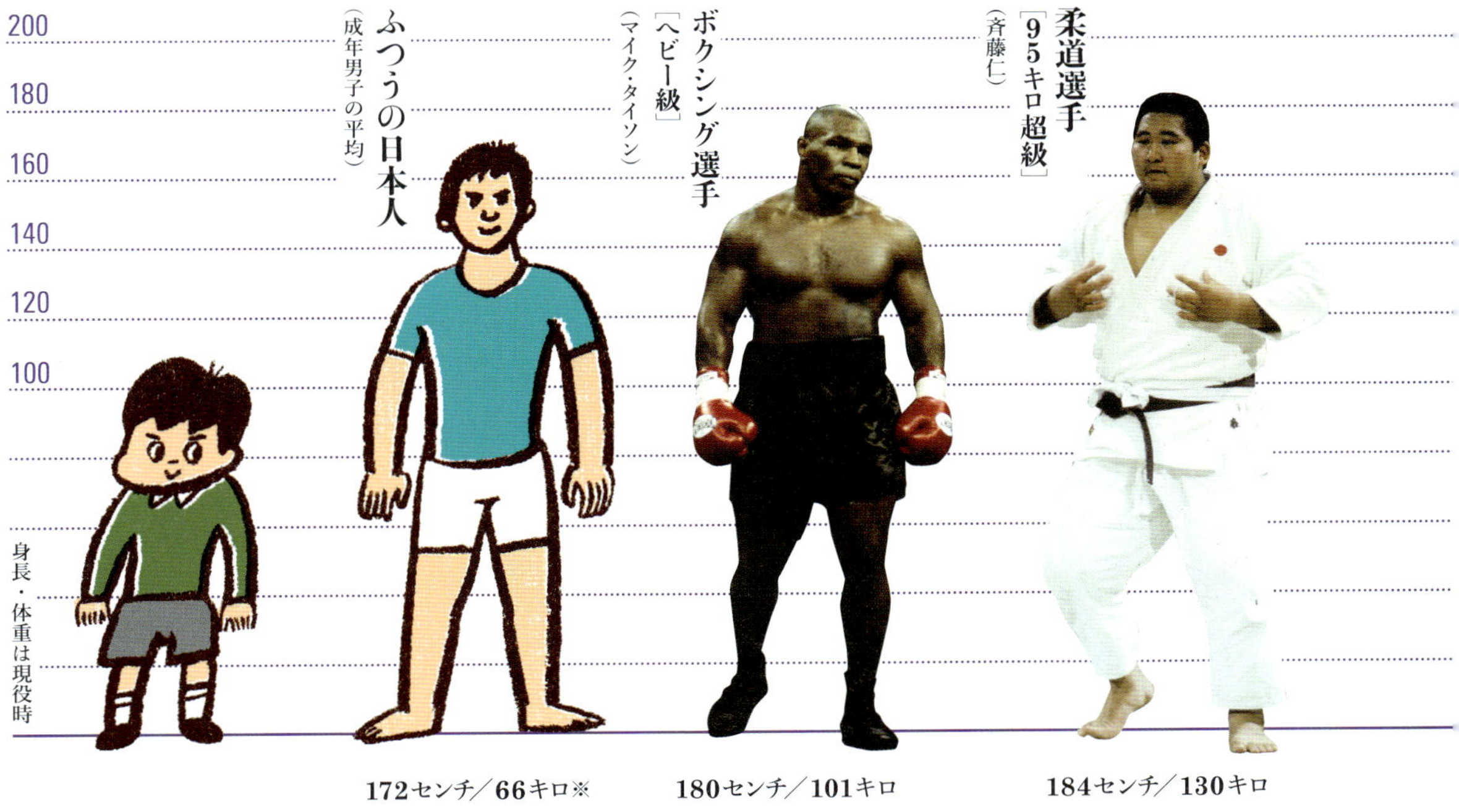

※文部科学省「平成20年度体力・運動能力調査」より

ひみつその3

でかいだけではつとまらない

日本相撲協会《にほんすもうきょうかい》の「新弟子検査《しんでしけんさ》」の基準（原則的には、義務教育を終えた二十三歳未満の健康な男子で、身長一七三センチ、体重七五キロ以上）を満たせば、ひとまず「力士《りきし》養成員」になることはできますが、力士として成功するための条件はそれで十分、というわけではありません。ほんとうの選別《せんべつ》は、入門してから始まるのです。

力士に求められる肉体的資質としては、身体が大きく、ひざのバネが強靭《きょうじん》で股関節《こかんせつ》が柔らかく大きく動き、前後左右さまざまな方向からの力を柔らかく受けとめる足《あし》腰《こし》を持っていること。俊敏《しゅんびん》な運動神経《しんけい》の持ち主であること。力も強いに越したことはありません。とりわけ肩《かた》まわりの筋肉と、足腰の後ろ側の筋肉が発達していることが重要です。そうした肉体的な資質に加えて、日ごろの厳しい鍛錬《たんれん》に耐《た》え本場所《ほんばしょ》の取組《とりくみ》の緊張に負けない精神力、「強くなりたい」という強烈《きょうれつ》な意志の力が求められるでしょう。

過去の名力士たちは、いずれも素晴らしい資質の持ち主でしたが、なかなか「完璧《かんぺき》」とはいきません。大鵬《たいほう》はひざに欠陥《けっかん》があり、貴乃花《たかのはな》は実は足腰がやや硬かった。千代《ちよ》の富士《ふじ》には軽量の難《なん》があり、北《きた》の湖《うみ》は反《そ》り腰《ごし》の粘《ねば》りに欠けるところがあった、という具合に、あえて難点を見つけることは可能です。そうした難を補《おぎな》う努力と技術をもって、彼らは土俵《どひょう》に一時代を築《きず》いたのです。

現在の大相撲《おおずもう》界に君臨《くんりん》する横綱《よこづな》白鵬《はくほう》は、巨体に加えて柔らかく強靭な足腰を備え、過去の名力士たちに勝《まさ》るとも劣《おと》らぬ素晴らしい素質の持ち主です。そうした偉材《いざい》が厳しい鍛錬を積んでこそ、頂点を極める強豪《きょうごう》力士が生まれるのです。

舞の海

琴錦

技能派の力士たち

優勝争《あらそ》いにはなかなか出番のない関脇《せきわけ》以下の力士には、殊勲《しゅくん》・敢《かん》闘《とう》・技能《ぎのう》の「三賞《さんしょう》」を獲得するチャンスがあります。殊勲賞は上位力士を倒して場所を盛り上げた力士に、敢闘賞は闘志あふれる相撲で好成績を挙《あ》げた力士に、そして技能賞はすぐれた技能を発揮《はっき》した力士に与えられます。

なかでも注目は技能賞。智乃花《とものはな》や舞《まい》の海《うみ》のように、投げや足わざなど多彩な「決まり手」を披露《ひろう》する技巧派《ぎこうは》に与えられる印象が強いかもしれませんが、「押し」「寄り」といった基本の「わざ」を認められての受賞も少なくありません。立合《たちあ》いからの猛烈《もうれつ》な出足《であし》で相手に反撃の余地を与えない琴錦《ことにしき》や、おっつけの妙技《みょうぎ》で相手の力を封じる栃東《とちあずま》、現役《げんえき》では「押し」「寄り」の間合《まあ》いを巧《たく》みにさばく鶴竜《かくりゅう》などが、何度も受賞しています。「押し出し」「寄り切り」といった一見ありきたりな「決まり手」にいたる過程で発揮される「わざ」が、技能として高く評価されるのです。こうした技能力士に着目することから、「わざ」の勘《かん》どころへと接近する道が開かれるかもしれません。

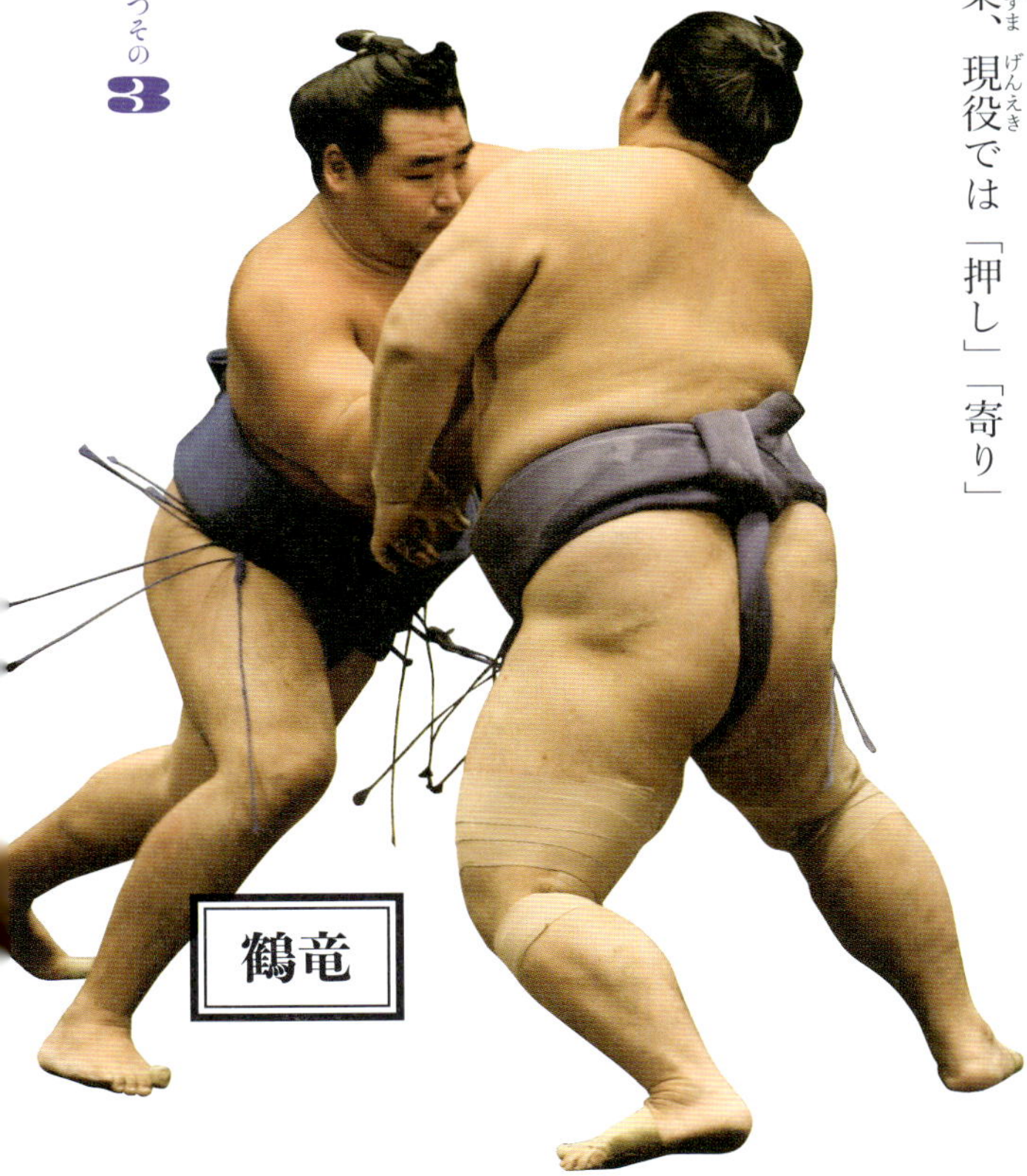
鶴竜

昔の力士は強かったか？

ひみつその3

「一番強かったのは誰ですか？」という問いを、よく耳にします。双葉山《ふたばやま》と大鵬《たいほう》はどちらが強かったのか、千代《ちよ》の富士《ふじ》と朝青龍《あさしょうりゅう》が対戦したら勝つのはどちらか。相撲に限らず、いずれの競技についても、時代を超えて名選手たちを比較することは、マニアの楽しみの一つです。

　これが陸上や水泳などのように時間・記録を競う種目であれば、優劣《ゆうれつ》を比較するためのモノサシを用意することができますが、対人競技ではそう単純な話にはなりません。

　現代の大相撲《おおずもう》の力士《りきし》の体格は、昔にくらべて格段に大きくなっています。たとえば明治《めいじ》時代に無敵を誇《ほこ》った横綱《よこづな》梅ヶ谷藤太郎《うめがたにとうたろう》（初代）の、伝えられる身長は一七六センチ、体重はせいぜい一二〇キロ程度。当時としては決して小さくなかったのですが、一九〇センチ、一五〇キロを超える横綱白《はく》鵬《ほう》をはじめとする現代の幕内《まくのうち》上位力士たちとは比較にならず、「小さい」といわれた若乃花《わかのはな》（若花田《わかはなだ》改《あらた》め）よりもなお小さく軽かったのです。

　相撲という競技の性質上、体格のちがいは重要な意味を持ちます

昔の条件

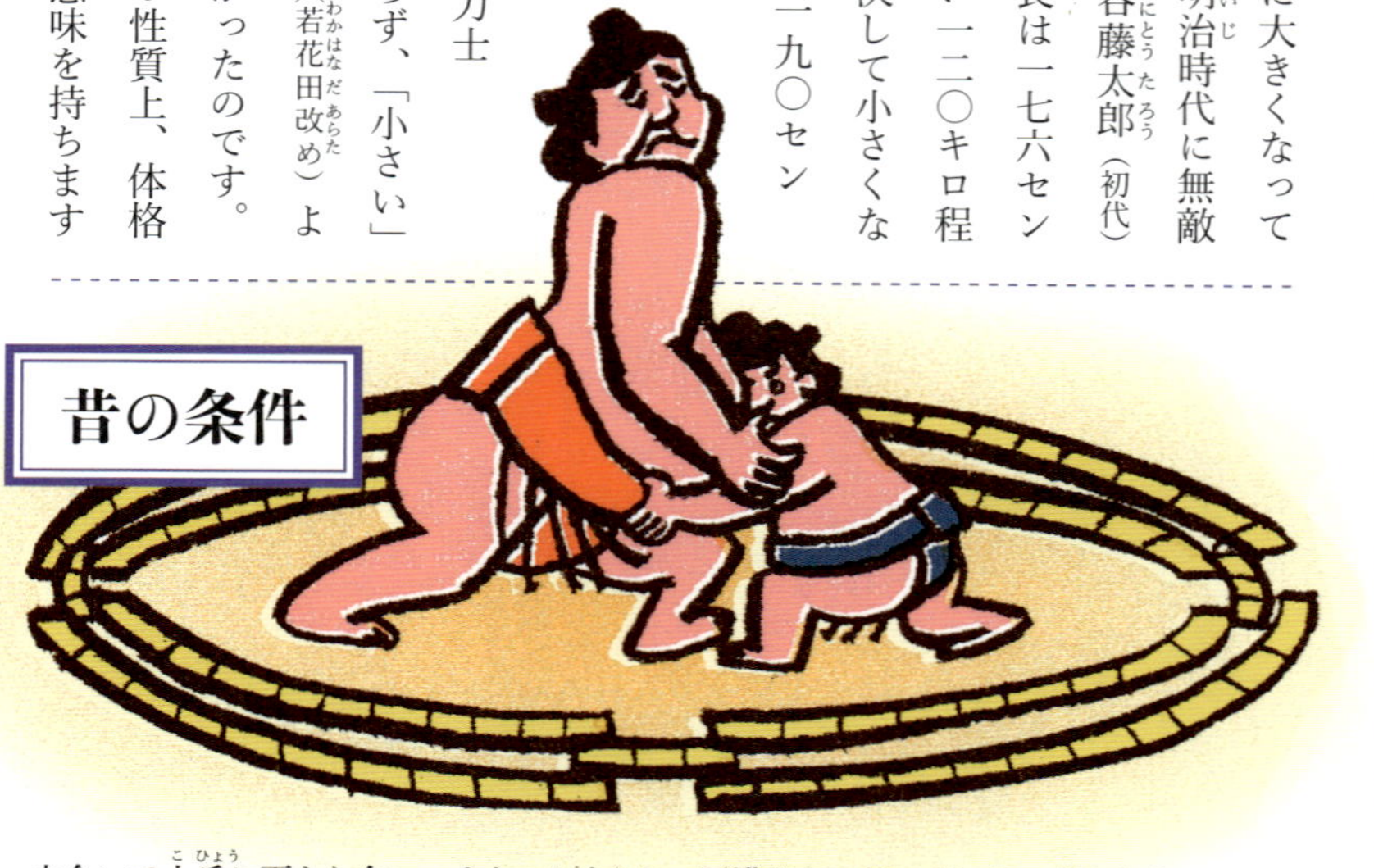

立合いで小兵《こひょう》に下から食いつかれてしまうと、巨漢も力の使いどころに苦しむ？

が、もちろんそれだけで今昔の優劣が決まるものでもありません。多少の体格差はスピードや技術で補《おぎな》えるかもしれません。また、競技の条件も、時代によって変わっています。

昔の力士を今の条件で土俵に上げたら、体重を乗せ加速を利《き》かせた立合《たちあ》いのパワーをさばくことは容易ではないでしょう。

その一方で、今の力士が昔の土俵に上がったら、頭をつけ合う立合いの間合《まあ》いにとまどい、当たりの強さを発揮《はっき》できないまま、いきなり食いつかれたり組みとめられたりして苦戦する場面もあるにちがいありません。

昔の力士の「すごさ」と現代の力士の「すごさ」とを、同じモノサシで測《はか》ることは簡単ではないのです。

現在の環境条件に適応した力士たちは、現在のぞみうる最高の技量《ぎりょう》を発揮《はっき》しているのですから、その「すごさ」を見抜く目を養《やしな》い、「わざ」の勘《かん》どころをとらえて楽しみたいものです。もちろん、厳しい注文をつけることを忘れてはいけませんが。

巨漢の加速のついた立合い一発の威力は、小兵を粉砕する？

忘れられない取組 3

若乃花─湊富士

平成十一（一九九九）年
一月場所五日目

弟の貴乃花《たかのはな》とともに「若貴《わかたか》」と並び称《しょう》され、空前《くうぜん》の大相撲《おおずもう》ブームを呼んだ「お兄ちゃん」こと若乃《わかの》花《はな》は、小兵《こひょう》軽量ながら横綱《よこづな》にのぼった正統派の技能力士《ぎのうりきし》。一方の湊富士《みなとふじ》は柔軟性に富《と》み半身のかまえから下手《したて》投げなども飛び出す曲者《くせもの》。

　一度ならず苦杯《くはい》を喫《きっ》したことのある若乃花ですが、この日は左がわずかにのぞいた湊富士を、まず右からおっつけて腰を浮かせ、さらに浅く差《さ》した左前腕《ぜんわん》に乗せるように捕《つか》まえて、それこそ「子猫を運ぶように」スッと土俵《どひょう》外に押し出したのです。

　横綱が平幕《ひらまく》力士の挑戦を退《しりぞ》けた、ごく当たり前の一番ですが、この取組《とりくみ》をテレビで見ていた妻は、「私には、今の湊富士の気持ちがわかるような気がする」と嘆《たん》息《そく》しました。私が日ごろ頼まれもしないのに妻を相手に実演してみせている「おっつけ」と「押し」の、お手本《てほん》のような若乃花のさばき。ひじから肩《かた》を固められて重心《じゅうしん》を浮かされ、痛くもなく力ずくでもないのに身動きがとれない「されるがまま」のやるせなさ。テレビ画面に映《うつ》った取組が体験と共鳴して、深い理解を生んだ瞬間でした。

　大相撲《おおずもう》を観戦するにも、ただ「力士は大きくて強いなあ」だけではなく、こうした身体感覚を伴《ともな》う理解に達すれば、面白味《おもしろみ》が増すにちがいありません。

忘れられない取組 4

貴乃花－朝青龍

平成十四（二〇〇二）年九月場所十一日目

「平成《へいせい》の大横綱《だいよこづな》」と呼ばれた貴《たか》乃花《のはな》が傷つき長期休場《きゅうじょう》を続けていた、その間に俄然《がぜん》頭角《とうかく》をあらわしたのが朝青龍《あさしょうりゅう》でした。朝青龍が新大関《おおぜき》となった場所《ばしょ》、休場明けの貴乃花との久しぶりの対戦が実現したのです。

張《は》り手まじりの激しい攻《せ》めからもろ差《ざ》しになり外掛《そとが》けを飛ばす朝青龍。右上手《みぎうわて》を引いた貴乃花は、外掛けを外《はず》して上手《うわて》投《な》げを連発、ついに朝青龍を横転させました。

怪我《けが》を負った相手に気がねすることなく果敢《かかん》に挑《いど》んだ朝青龍。傷つきながらなお新進の挑戦を退《しりぞ》けて王者《おうじゃ》の意地を見せつけた貴乃花。

しかし貴乃花が本場所を千秋《せんしゅう》楽《らく》まで勤《つと》め上げたのはこの場所が最後でした。ついに怪我が本復《ほんぷく》することなく翌場所も休場、明けて平成十五（二〇〇三）年一月場所途中で引退《いんたい》し、覇者《はしゃ》交代劇は惜《お》しくもすれちがいに終わります。

関守《せきもり》不在となった関門をやすやすと突破して横綱の栄位《えいい》を占《し》めた朝青龍は、その後長きにわたり覇者として土俵《どひょう》に君臨《くんりん》することになるのです。

あなたも力士になれる、わけではない

あなたが男性でまだ若く、並はずれた巨軀《きょく》や身体能力の持ち主であれば、力士《りきし》になれるかもしれません。

もしもあなたがまだ少年ならば、これからの成長に期待することもできます。

しかしあなたがもう大人になってしまっていて、身体もあまり大きくないのなら、努力でなんとかなるものではありません。

もしもあなたが女性であれば、国技館《こくぎかん》の土俵《どひょう》に上がることすらできません。

でも、あなたにも相撲はとれます。力士としてではなくアマチュアとしてなら、工夫次第《しだい》で十分に楽しむことができます。相撲は自分でやってみてこそ楽しいし、よくわかるようになります。「相撲」は、大相撲《おおずもう》ばかりではないのです。

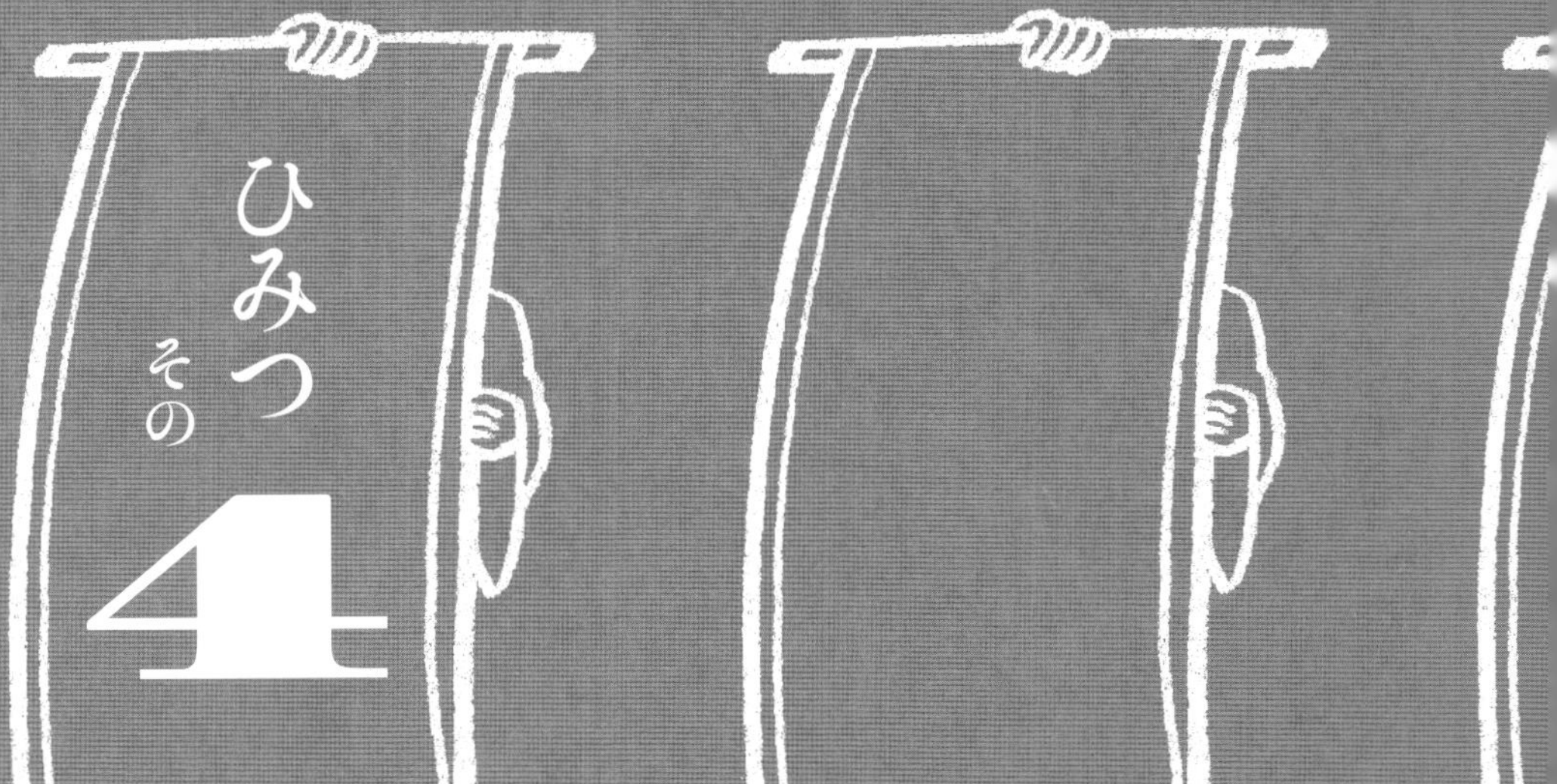
ひみつ
その
4

相撲じゃない「相撲」がある！

ひみつその4

相撲といえば「大相撲《おおずもう》」のイメージがまず頭に浮かびます。「見せるため」に生まれ発展してきた相撲の歴史を現代に引き継《つ》いでいるのは、まちがいなく大相撲です。

しかし、世の中には、相撲のようであるけれど大相撲のイメージからは少しばかり外《はず》れるものが、いろいろとあります。それらと見くらべることによって、相撲の成り立ちが、いっそうはっきりと見えてくるかもしれません。

相撲らしくないけれども、相撲

ひみつその4

相撲をとっているのは、大相撲《おおずもう》の力士《りきし》たちだけではありません。「わんぱく相撲」の少年たちから中学生・高校生、さらに学生・社会人にいたるまで、力士でない一般の人々が、仕事ではなく趣味として、相撲をとっています。女子の相撲もあります。

プロの相撲、すなわち大相撲と、アマチュア相撲とでは、見た目が大きくちがいます。アマチュア相撲の選手は、普段は学生・社会人としてふつうの生活をしている人々ですから、マゲを結《ゆ》ったりしていません。マワシの下にパンツやスパッツ、女子だとレオタードをつけることが認められています。

体格もちがいます。アマチュア相撲には体重別の大会もあり、さほど大きな体格でなくとも、選手として活躍できるチャンスがあるのです。たとえば学生相撲の体重別大会の最軽量級は「六十五キロ未満級」です。シコ名《な》を名乗《なの》ったりもしません。観賞用の「技《ぎ》芸《げい》」としての性格を持つ大相撲で見られる土《ど》俵《ひょう》入《い》りや弓取《ゆみと》り式のような儀式的要素もなく、粛々《しゅくしゅく》と「試合」が進行してゆきます。その試合をさばくのは、大相撲の行司《ぎょうじ》とは異なり、白シャツに蝶《ちょう》ネクタイの審判員です。

一見《いっけん》したところ「相撲らしくない」という印象を受けるかもしれません。しかし、土俵上で行なわれている競技の内容は、「見せる」ための要素を削《そ》ぎ落としつつも、相撲のルールにのっとった、まぎれもなく「相撲」なのです。

学生相撲の取組

アマチュア相撲の中心的な位置を占め、大相撲力士の供給源ともなる学生相撲。大相撲の幕下クラスの実力を持つトップ級から、下は映画『シコふんじゃった。』を実地でゆく世界まで。体重別の大会や女子の大会もある。

アマチュア相撲（学生相撲）

原則として白い木綿《もめん》のマワシ。
サガリはなく、所属を示すゼッケンを
マワシの前部につけます。

選手

審判

主審は団扇《うちわ》（軍配《ぐんばい》）を持たず、
白手袋をはめた両手で試合をさばきます。
主審の「はっけよい！」のかけ声で試合開始。

大相撲

行司

力士

相撲のようで相撲でないもの

組み合って相手を倒すことを基本とする、相撲によく似た格闘競技は、世界各地で行なわれています。国際的に盛んな柔道やレスリングなどのほかにも、モンゴル・韓国《かんこく》やロシア各地、さらにアフリカのセネガルなどには、それぞれローカルな人気を集める伝統競技が伝えられています。

モンゴルの「ボフ」は、ナーダム（「遊戯《ゆうぎ》」の意）と呼ばれる祭典《さいてん》で競馬《けいば》・弓射《きゅうしゃ》と並び行なわれる伝統競技です。チンギス＝ハーンの時代に始まると伝えられるナーダムは、毎年七月に「国家ナーダム」ほか各地で大小さまざまな規模で開催されています。モンゴルからは横綱《よこづな》朝青龍《あさしょうりゅう》、白鵬《はくほう》をはじめ多くの力士《りきし》が大相撲《おおずもう》入りし活躍しています。

韓国・朝鮮《ちょうせん》の「シルム」は、組み合った状態から始めることを特徴とし、日本式の相撲以上に、腕力《わんりょく》・背筋力《はいきんりょく》など上半身の筋力を求められます。大相撲の春日王《かすがおう》は韓国出身、シルムの学生チャンピオンでした。右四《みぎよ》つに組んだときの力強い相撲ぶりに、シルムの経験がうかがわれます。

スイスには、牧童《ぼくどう》たちに伝わる「シュヴィンゲン」という競技があります。「振り回す」意味で、組み合って相手を振り回し投げふせることを競います。石投げと並ぶ、夏祭りのイベントです。

「ヤールギュレシ」（「ヤール」は「オイル」、「ギュレシ」は「レスリング」の意）は、トルコ伝統のレスリング。毎年夏に開催される全国大会は、起源を十四世紀にさかのぼります。

こうして見ると、世界あちこちにある格闘競技はおおむね「相手を倒す」ことに目的を置いており、「出せば勝ち」というのは日本式相撲に特徴的なルールのようです。それでも、「倒しても勝ち」となる日本式相撲のルールの中で応用可能な「わざ」を持った競技が、世界各地にたくさんあるのです。

世界各国の「相撲」

ボフ

（モンゴル相撲）

草原の競技場で行なわれる。土俵はなく、ひじ・ひざ・頭・背中・尻のいずれかが先に地面についたら負け。プロレスのように間合いを測って組み合い、投げ・捻《ひね》り・足技が主となる。チャンピオンは国民的英雄。

シルム

（韓国相撲）

砂場で行なわれ（場外に出ても負けにはならない）、身につけたサッパと呼ばれる帯をつかみ組み合った状態から始めるのが特徴。相手のひざより上の部分を地面につければ勝ち。プロ選手も存在する。

シュヴィンゲン

（スイス相撲）

おがくずを敷き詰めた競技場で行なわれる。服の上にシュヴィンガー・ホーゼと呼ばれる麻の半ズボンをはき、これをマワシのようにつかんで振り回す。相手を投げふせて両肩を地面につけると勝ち。

ヤールギュレシ

（トルコ相撲）

草原で行なわれる。黒革のパンツに上半身裸、全身にオイルを塗って取り組む独自のスタイル。相手の背中を地面につけるか、相手を抱え上げて数歩歩けば勝ち、というのが伝統的ルールだが、最近はポイント制を導入。

相撲の世界大会

アマチュア相撲の世界選手権大会は、十年以上前から開かれています。はじめのうちは、柔道やレスリング、そのほか相撲に似た競技の選手が、土俵《どひょう》上で、相撲のルールのもとで、技術的にはさながら「異種格闘技戦《いしゅかくとうぎせん》」を展開していましたが、慣《な》れてくるにしたがい少しずつ「相撲らしく」なってきました。

今ではロシアをはじめ中欧東欧《ちゅうおうとうおう》諸国などで、数こそ少ないながら、少年時代からレスリングなどと並行して相撲をやっている選手もいます。日本のトップアマに勝《まさ》るとも劣《おと》らぬ実力を持つ選手も多く育ってきました。

「相撲」の基本を身につけたうえで他競技の多彩《たさい》な「わざ」を応用・駆使《くし》する外国選手たちを相手に、日本代表選手が苦杯《くはい》を喫《きっ》する場面も、ますます多くなっています。それぞれの国の独特のカラーをまとった相撲が展開され、たがいに勝利を競う中で技術的な切磋琢磨《せっさたくま》が進む、これこそ「国際化」にちがいありません。日本選手たちにも、いっそうの工夫が求められます。

アマチュア相撲の連盟《れんめい》は「オリンピック参加」を目標に掲《かか》げています。道のりはまだまだ遠そうですが、その目標が実現したときには、現在の大相撲《おおずもう》とはずいぶんちがったものになっているかもしれません。

相撲の国際化

世界相撲選手権大会（第13回、2005年）の男子無差別級入賞者。左から、日本（2位）、ドイツ（1位）、モンゴル（3位）、ブルガリア（3位）の選手。

ひみつその4

素人にもできる相撲

大相撲《おおずもう》に体重別制がないのは、大相撲が「観客に見せる」ためのものであり、弱い者には用はないからです。アマチュア相撲はちがいます。柔道・レスリングなどと同様、プレイヤーのための相撲を考える際には、弱くとも、小さくとも、「やりたい」と思う人が、それぞれのレベルで楽しめることが重要なのです。そのためには、体重別制だけでなく、競技の内容にもいろいろと手を入れたほうがよいかもしれません。少しばかり、空想してみましょうか。

「裸《はだか》にマワシ」は、慣《な》れればけっこう心地《ここち》よいものですが、尻《しり》を露出《ろしゅつ》するのが恥《は》ずかしい、という人は、マワシの下にパンツ・スパッツなどをつけてもよいでしょう。現にアマチュア相撲では原則としてパンツ・スパッツの着用を認めています。

土俵《どひょう》の盛《も》り土《つち》はいりません。あれは観客が見やすいようにとの工夫であり、もつれ合ってあの高さから落ちると怪我《けが》をしやすい。ふだんは盛り土のない平らな土俵で稽古《けいこ》をしていますから、あの高さはけっこう怖いものです。

初心者向けには、仕切《しき》り線の間隔《かんかく》をなくしてしまうのも一案です。大きい相手が加速をつけて当たってくるのは、初心者にはとても怖いし、危険を伴《ともな》います。間合《まあ》いをつめて、頭をつけあった状態から「はっけよい！」で始めてみましょう。立《たち》合《あ》いの当たり合いがなくとも、前さばきや間合いのとり合いなど、相撲の技術的な面白さは十分に堪能《たんのう》できます。つい百年ほど前までは、大相撲でもそうやっていたのですから！

相撲じゃない「相撲」がある！

シコを踏んでみよう

相撲の基本運動として特徴的なのは「シコ」ですね。左右の足を交互に上げて踏《ふ》みしめるという、一見《いっけん》したところ単純な動作ですが、きちんとやろうとすると簡単ではありません。

①両足を、肩幅《かたはば》からさらに左右に半歩ずつ開きます。つま先を百二十度から百五十度程度開き、尻《しり》が後ろに突き出ないように、腰《こし》をまっすぐ下に下ろしましょう。ひざが直角に曲がり、太腿《ふともも》が地面と平行、脛《すね》が垂直になればよろしい。ひじを張らず脇《わき》を軽く締《し》め、両手はひざに添《そ》えます。

②この姿勢から、左脚に体重を移しながら右足を上げます。足を上げる前に腰を持ち上げたり、足を伸ばしたりしてはいけません。上体を左に傾《かたむ》けつつ左ひざをゆっくりと伸ばします。

③左脚に完全に体重が乗り、ひざが伸びた状態で、いったん静止します。このときに、右足が高く上がりひざが伸びていると、きれいなシコになります。

④足を下ろして①のかまえに戻ります。一気にドシンと下ろしてしまうのではなく、②の逆回しのようにゆっくりと下ろし、つま先から着地します。ここで①のかまえに戻ったら、今度は⑤⑥と反対の足で踏みます。

シコは、身体のバランスを整えるとともに、内腿《うちもも》の筋肉を伸ばし、股関節《こかんせつ》の柔軟性を高める働きを持ちます。相撲の腰の備《そな》えをつくるために不可欠のトレーニングですが、一般人の健康維持にも効能があります。大相撲《おおずもう》の力士たちは、一日に二百から三百回のシコを踏みますが、初心者は三十回も踏めば十分でしょう。

シコの踏み方

1 かまえ

ひざをなるべく外向きに開き、
上半身は正面向きに立てたままで。

2 右足を上げる

股関節が閉じないよう、
なるべくひざから上のかたちを
保ちながら。

3 トップで一呼吸

足を上げた勢いで
そのまま下ろして
しまわないこと。

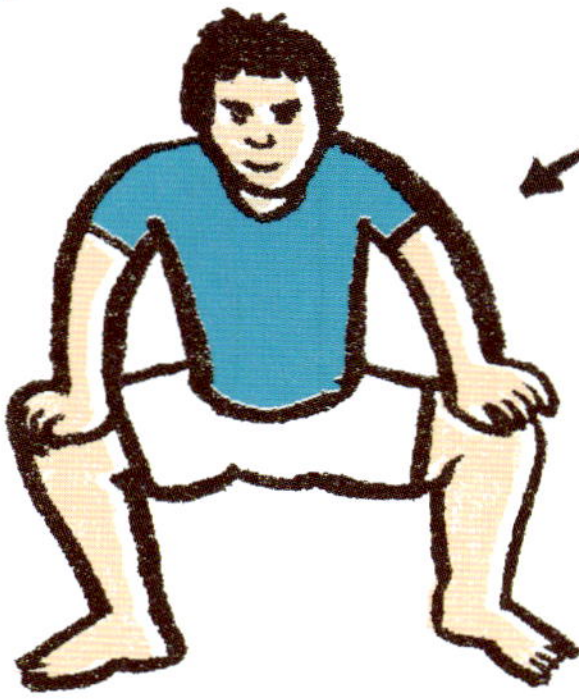

4 足を下ろす

足を下ろした拍子に
上体が前に倒れたり尻が後ろに
突き出したりしないように。

5 左足を上げる

ひざが内側に入らないように、
ひざから腿を開きつつ持ち上げる感覚で。

6 トップで一呼吸

全体を通じて、両肩を結ぶ線や
腰骨が正面向きを
維持していることが大切です。

押してみよう

現代の相撲では「相手を押す」ことは最も基本的な技術とされています。足腰《あしこし》のかまえと足運び、頭の位置と方向、ひじの位置など、相撲において力を有効に使うための基本的な要素が、「押し」の技術に集約《しゅうやく》されています。

上級者に受け手としてかまえてもらい、「ひみつ その3」(78頁)の「押しの基本形」を参考にしながら、押してみましょう。本格的な稽古《けいこ》になれば、立合《たちあ》いと同様、間隔《かんかく》をおいたところから踏《ふ》み込んで額《ひたい》で当たるのですが、いきなり頭から当たるのは初心者には怖いし危険を伴《ともな》うので、受け手の胸に頭をつけたところから始めて、身体のさばき方、力の使い方を身につけるのがよいでしょう。

注意点は、①頭を相手の胸から離さず、目の前で両手で相手をとらえること、②ひじを身体の前におき、力をまっすぐ相手に伝えること、③腰を割《わ》り、相手を押し上げてその下に自分の腰を運ぶように前に出ること、④つま先とひざが外側を向き、足を地面から上げずに「すり足」で進むこと、です。

かまえをくずさず、スムーズに足を運びながら押せるようになれば、そこからいろいろな変化を楽しめるようになります。

さあ、相撲をとってみよう

おわりに

相撲は文化だ、という言葉をまま耳にします。日本社会の近代化以前に遡る長い歴史を持つ大相撲がまとう種々の装飾、ある意味で「浮世離れ」したクラシカルな様式。確かに相撲には、「日本文化」の香りが濃厚に漂います。

しかしそのことは、相撲が他のスポーツと根本的に異なることを意味するものではありません。相撲だけでなく野球も文化です。サッカーも柔道も文化です。それぞれに異なる歴史と違った文化的要素とをまといつつ、日本文化の中に位置を占めています。相撲は、深遠な意味を持つ神事として発生したわけではないし（堅いことをいえば、「神事」の捉え方にちょっとした紛れの余地はありますが、それはまた別の話です）、戦いに臨む武士の技として発達してきたわけでもありません。そのあたりのことを含め、本書では大急ぎで駆け抜けざるをえなかった相撲の歴史の詳細については、以前に書いた『相撲の歴史』（山川出版社、一九九四年）を参照していただけるとありがたく思います。

相撲に、他のスポーツとは違う何か特別な魅力があるとすれば、それは「見せる」ために凝らされた数々の工夫にこそ、見出だされるに違いありません。相撲は、観客に見せるために生まれ、発展してきました。長い歴史の中で磨きあげられてきた文化的な装飾は、すべて観客のためにしつらえられています。私たちはそれを素直に受け取って楽しめばよい。相撲を見て楽しむのに、何も特別な覚悟を必要とするわけではないのです。

相撲は好きですか？

本書冒頭に掲げたこの問いに、私自身はしばしばこんなふうに答えます。

「はい、今でもときどきマワシを締めていますよ」

私は今年で満五十歳になります。とくに身体が大きいわけでもありません。でも、学生時代は相撲部の部員としていろいろな大会に出場していましたし、卒業後も指導者として母校の稽古場に通ってきました。ごく普通の体格の、しかも白髪頭のオジサンが「マワシを締めて相撲をとる」ということが、なかなか飲み込めずに当惑する人の顔を見てニヤニヤすることは、私の楽しみのひとつです。

かつては私も、もっぱら「見る」ことを楽しむ普通の相撲ファンでした。しかし好きが昂じて自分でもとってみると、とってみてこそわかる楽しさに出会います。身体が小さくとも、工夫次第で相撲をとることはできるし、その工夫が、見て楽しむための土台にもなるのです。本書の最後に「素人にもできる相撲」へのちょっとした道筋を示したのは、そうした楽しみに少しでも近づくためのガイドになれば、との思いからです。「観客に見せる」ことを中心に展開してきた相撲の歴史の周辺に、傍流としてではあるけれど常に存在してきた「せっかくだから自分もやってみよう」という楽しみに、あらためて光をあてたいという、それは、アマチュア相撲に携わる私のこだわりでもあります。

この本がこうして形をとるまでには、いろいろな人の力が関わっています。まずはこの企画のそもその発案者であり人々をつなぐコーディネーターでもあった編集の綾女欣伸さん。いろいろと小うるさい注文に応えて相撲の「ひみつ」を表現してくださったイラストレーターの曽根愛さん。けっこう複雑な構成にすっきりとしたヴィジュアリティを与えてくださったデザイナーの加藤賢策さん。図版の選択や手配にご協力いただいた相撲趣味の会の小池謙一さん。そしてイラストの資料作りのためにモデルを務めてくれた東大相撲部の諸君にも、この場を借りて謝意を表したいと思います。時に実技を交えた私の講釈につきあううちに「湊富士の気持ち」がわかるようになってしまった妻・操には、この本であらためて相撲の「わざ」を楽しんでもらうことにしましょう。

二〇一〇年一月　新田一郎

大相撲の一年

現在の大相撲《おおずもう》界は、一場所《ばしょ》十五日、一年六場所、都合年間九十日の本場所を中心にめぐっています。本場所の合間には巡業《じゅんぎょう》やトーナメント大会、チャリティ興行《こうぎょう》や力士《りきし》の引退披露《いんたいひろう》興行など、「花相撲《はなずもう》」と呼ばれる各種のイベントがちりばめられています。年間のスケジュールの概要を、見てみましょう（巡業の開催地域は、年ごとにちがいます）。

現代の巡業は「大合併《だいがっぺい》」といって、相撲協会《すもうきょうかい》あげての興行ですが、江戸時代から昭和戦前くらいまでは、力士たちは本場所の合間に師匠《ししょう》に率《ひき》いられた小集団で各地を興行してめぐり、日常生活を支える収入を得ていました。

今では力士も給与制で本場所中心の生活となり、地方巡業の比重は低下しつつありますが、地方の人々が大相撲にナマで触れる貴重な機会として、力士にとっては大合併でほかの部屋の力士たちと稽古《けいこ》を積む機会として、各地で開催されています。

一月場所（初場所）

東京・両国国技館　一月の第二日曜日（初日。以下同）

触《ふ》れ太鼓の音が相撲の町・両国に新年の到来を告げます。場所前には東京・明治神宮で奉納《ほうのう》横綱土俵入りが行なわれます。

二月　日本大相撲トーナメント・NHK福祉大相撲など

三月場所（春場所・大阪場所）

大阪府立体育会館　三月の第二日曜日

学校の卒業を控え、例年数多くの新弟子が初土俵を踏むため、「就職場所」とも呼ばれます。かつては寒さから体調をくずす力士が多く「荒れる春場所」の異名《いみょう》もありました。

四月　春巡業（関西・中部・関東など）

五月場所（夏場所）

東京・両国国技館　五月の第二日曜日

年二場所時代から、初夏の相撲は定例となっています。

六月　（海外巡業・公演は、この時期に行なわれることが多い）

七月場所（名古屋場所）

愛知県体育館　七月の第二日曜日

かつては「南洋場所」と呼ばれ、猛暑で体調をくずす力士が多く、三月場所とともに「荒れる」場所でした。

八月　夏巡業（東北・北海道など）、部屋ごとのキャンプなど

九月場所（秋場所）

東京・両国国技館　九月の第二日曜日

夏巡業やキャンプで稽古を積み力をつけた力士たちの、力のこもった相撲が見られます。

十月　秋巡業（東海・北陸・関西・中国・四国など）、社会福祉大相撲、明治神宮例祭奉祝《ほうしゅく》全日本力士選士権大会など

十一月場所（九州場所）

福岡国際センター　十一月の第二日曜日

一年の締めくくりの場所。地元出身力士には、とりわけ熱い声援が送られます。

十二月　冬巡業（九州など）

写真提供一覧

9・11頁
《平成22年1月場所番付》日本相撲協会

15頁
《谷風梶之助・小野川喜三郎 立合いの図》勝川春章・画、寛政年間、相撲博物館

20頁
稽古廻し、新田一郎・蔵、朝日出版社第二編集部・撮影

22頁
《享保17年閏5月京都相撲番付》相撲博物館

23頁
[右]《宝暦7年10月江戸相撲番付》相撲博物館
[左]《平成19年11月場所板番付》浦田恭代・撮影

28-29頁
《小錦八十吉手形》相撲博物館

31頁
[右]《式守伊之助譲り団扇》相撲博物館
[左]《木村庄之助譲り団扇》相撲博物館

32頁
『相撲文字』大河原仁・著、マール社、1988年

33頁
[右]『寄席文字』戸田政宏・著、マール社、1976年
[左]『新かんてい流』原田正春・著、マール社、1975年

36頁
特等床山・床一(伊勢ノ海部屋)の仕事道具、『pen』(2010年1月1・15号、阪急コミュニケーションズ)、殿村誠士・撮影

37頁
《平成5年3月場所巻》『芸術新潮』(1993年7月号、新潮社)

41頁
横綱・白鵬翔、日本相撲協会

42-43頁
幕内土俵入り、平成19(2007)年9月場所、日本相撲協会

44頁
《平成21年9月場所御免札》朝日出版社第二編集部・撮影

47頁
両国・国技館内、日本相撲協会

48頁
《男子力士像埴輪》和歌山市井辺八幡山古墳出土、6世紀初頭、和歌山市教育委員会

51頁
[上]ベニハッサン・バケト3世墓所壁画、紀元前2000年ごろ、相撲博物館
[下]河南省密県打虎亭漢墓二号墓壁画、2世紀ごろ(『中国古代のスポーツ』、邵文良・編著、ベースボール・マガジン社、1985年)

58-59頁
《江都勧進大相撲浮絵之図》勝川春章・画、寛政年間、相撲博物館

60頁
[上]《雷電為右エ門 化粧廻し姿一人立》〈部分〉、勝川春亭・画、相撲博物館
[下]《大童山文五郎 土俵入の図》〈部分〉、東洲斎写楽・画、相撲博物館

61頁
[上]《大空武左衛門 化粧廻し姿》〈部分〉、渓斎英泉・画、相撲博物館
[下]《不知火光右エ門 横綱土俵入之図》〈部分〉、歌川国貞(2代)・画、相撲博物館

62頁
[上]昭和2(1927)年1月場所(旧・国技館)、星甲対桂川、相撲博物館
[下]平成20(2008)年3月場所(7日目)、白鵬対稀勢の里

64頁
[上]旧・国技館全景、相撲博物館
[下]現・国技館全景、日本相撲協会

67頁
《大相撲カルタ》昭和27年、景山忠弘・蔵、『昭和・平成 大相撲グラフティ』(景山忠弘・編著、カタログハウス、1993年)

69頁
《住吉祭礼・賀茂競馬図屏風》〈部分〉、江戸時代前期、堺市博物館

71頁
[上] 平成20年(2008)9月場所(中日)、琴奨菊対朝赤龍、日本相撲協会
[中]平成21年(2009)1月場所(7日目)、雅山対琴光喜、日本相撲協会
[下]平成21(2009)年5月場所(千秋楽)、猛虎浪対白馬、日本相撲協会

74頁
昭和46(1971)年5月場所(5日目)、貴ノ花対大鵬、毎日新聞社

75頁
昭和53(1978)年7月場所(14日目)、北の湖対輪島、毎日新聞社

84-85頁
昭和30(1955)年5月場所(千秋楽)、栃錦対大内山、『名人栃錦 絶妙の技――相撲技七十手』(秀の山勝一・本文解説、ベースボール・マガジン社、1991年)

86頁
[右]大関・琴欧洲勝紀、日本相撲協会
[中]大関・小錦八十吉、日本相撲協会
[左]大関・日馬富士公平、日本相撲協会

87頁
[右]斉藤仁、ユニフォトプレス
[左]マイク・タイソン、ユニフォトプレス

88頁
小結・舞の海秀平、日本相撲協会

89頁
[上]関脇・琴錦功宗、日本相撲協会
[下]小結・鶴竜力三郎、日本相撲協会

92頁
平成11(1999)年1月場所(5日目)、若乃花対湊富士、日本相撲協会

93頁
平成14(2002)年9月場所(11日目)、貴乃花対朝青龍、日本相撲協会

97頁
第87回全国学生相撲選手権大会、2009年11月、堺市大浜公園相撲場、西日本学生相撲連盟

100頁
[上から]ボフ、シルム、シュヴィンゲン、ヤールギュレシ、相撲博物館

101頁
第13回世界相撲選手権大会、2005年10月、堺市大浜公園相撲場、『ちから』(第188号、日本相撲連盟)

資料協力 小池謙一

敬称略。紙面構成の都合上、巻末にしました。万一、記載漏れなどがありましたら、お手数ですが編集部までお知らせください。

新田一郎（にった・いちろう）

1960年生まれ。東京大学法学部教授、東京大学相撲部部長、日本学生相撲連盟参与。専門は日本法制史だが、相撲への愛とその該博な知識は他を圧倒する。94年に『相撲の歴史』（山川出版社）を著し、相撲と社会の関わりを重層的に解き明かした。幼少期の夢は大鵬に弟子入りすること。学生時代には東大相撲部で活躍。今でもマワシをつけてシコを踏み、部員に稽古をつける。著書は他に『日本中世の社会と法　国制史的変容』（東京大学出版会、1995年）、『太平記の時代（日本の歴史第11巻）』（講談社、2001年）、『中世に国家はあったか』（山川出版社、2004年）など。

相撲のひみつ

2010年3月1日　初版第1刷発行
2015年3月10日　初版第2刷発行

著者――新田一郎
イラストレーション――曽根愛
造本――加藤賢策（東京ピストル）
写真提供――日本相撲協会・相撲博物館／日本相撲連盟／西日本学生相撲連盟／堺市博物館／和歌山市教育委員会／毎日新聞社／ベースボール・マガジン社／新潮社／カタログハウス／ユニフォトプレス／景山忠弘／殿村誠士／三島靖朗／浦田恭代

発行者――原雅久
発行所――株式会社 朝日出版社
〒101-0065 東京都千代田区西神田3-3-5
電話 03-3263-3321／ファックス 03-5226-9599
http://www.asahipress.com
印刷・製本――赤城印刷株式会社

ISBN978-4-255-00514-0 C0095